LOS GRUPOS Y ORGANIZACIONES CRÍMINALES MÁS PELIGROSOS

Descubre Cuáles son las Organizaciones más Violentas, Influenciales y Temibles de la Historia

KENNETH VARGAS

© **Copyright 2024 – Kenneth Vargas - Todos los derechos reservados.**

Este documento está orientado a proporcionar información exacta y confiable con respecto al tema tratado. La publicación se vende con la idea de que el editor no tiene la obligación de prestar servicios oficialmente autorizados o de otro modo calificados. Si es necesario un consejo legal o profesional, se debe consultar con un individuo practicado en la profesión.

- Tomado de una Declaración de Principios que fue aceptada y aprobada por unanimidad por un Comité del Colegio de Abogados de Estados Unidos y un Comité de Editores y Asociaciones.

De ninguna manera es legal reproducir, duplicar o transmitir cualquier parte de este documento en forma electrónica o impresa.

La grabación de esta publicación está estrictamente prohibida y no se permite el almacenamiento de este documento a menos que cuente con el permiso por escrito del editor. Todos los derechos reservados.

La información provista en este documento es considerada veraz y coherente, en el sentido de que cualquier responsabilidad, en términos de falta de atención o de otro tipo, por el uso o abuso de cualquier política, proceso o dirección contenida en el mismo, es responsabilidad absoluta y exclusiva del lector receptor. Bajo ninguna circunstancia se responsabilizará legalmente al editor por cualquier reparación, daño o pérdida monetaria como consecuencia de la información contenida en este documento, ya sea directa o indirectamente.

Los autores respectivos poseen todos los derechos de autor que no pertenecen al editor.

La información contenida en este documento se ofrece únicamente con fines informativos, y es universal como tal. La presentación de la información se realiza sin contrato y sin ningún tipo de garantía endosada.

El uso de marcas comerciales en este documento carece de consentimiento, y la publicación de la marca comercial no tiene ni el permiso ni el respaldo del propietario de la misma.

Todas las marcas comerciales dentro de este libro se usan solo para fines de aclaración y pertenecen a sus propietarios, quienes no están relacionados con este documento.

Índice

Introducción	vii
1. Crimen Organizado: Dos conceptos principales	1
2. La Mafia Italiana	5
3. La Mafia Ítalo-Estadounidense	23
4. La Mafia Rusa	35
5. Crimen Organizado En Colombia	51
6. Los Cárteles Mexicanos De La Droga	69
7. Delincuencia Organizada China	99
8. La Yakuza Japonesa	117
Conclusión	161

Introducción

En 1992, la organización mafiosa siciliana Cosa Nostra asesinó a dos destacados jueces antimafia, Giovanni Falcone y Paolo Borsellino, junto con otros acompañantes, mediante dos atentados. Al año siguiente, colocó bombas en tres principales ciudades italianas. Estos hechos causaron alarma en Europa y preocupación sobre el poder de la mafia siciliana.

Estos eventos, junto con el colapso del Muro de Berlín y de la Unión Soviética, situaron al crimen organizado en el centro de atención de la Unión Europea y la ONU. A menudo, el crimen organizado es identificado con organizaciones criminales, pero también hay definiciones más amplias que se adoptan en tratados internacionales. El éxito de películas como "El Padrino"

Introducción

también influyó en la percepción mundial sobre la mafia.

Diversos factores han llamado la atención sobre el crimen organizado en diferentes contextos, desde América Latina hasta China.

En respuesta, se han otorgado poderes especiales de investigación y se han creado nuevas agencias policiales. También ha habido numerosas iniciativas internacionales para combatir el crimen organizado.

Durante este libro, veremos algunas de las organizaciones criminales más conocidas en el mundo. ¿Cómo funcionan?

¿Dónde operan? ¿Por qué tienen tanto poder? Veamos.

1

Crimen Organizado: Dos conceptos principales

El término "crimen organizado" a menudo es confuso. A veces se refiere a organizaciones estables que se dedican al crimen, y otras veces a actividades criminales, como el tráfico de drogas o seres humanos. El público y los medios suelen referirse a "crimen organizado" pensando en grandes organizaciones criminales como la Cosa Nostra o los cárteles de drogas. Sin embargo, el concepto puede ser más amplio, abarcando cualquier actividad ilegal realizada para obtener beneficios. De hecho, en muchos textos se usa "crimen organizado" en ambos sentidos, lo que lleva a confusión.

Contrario a la percepción popular, las grandes organizaciones criminales son raras. Surgieron en contextos donde el gobierno era débil o corrompido.

Sin embargo, las actividades criminales, como el robo o el fraude, existen en todas partes.

Las actividades ilegales difícilmente pueden ser erradicadas completamente por gobiernos democráticos. Sin embargo, las autoridades pueden influir en el tamaño y operación de los grupos que se dedican a estas actividades. En países con un gobierno efectivo, no se permite la consolidación de grandes organizaciones criminales. En estos países, predominan pequeñas empresas criminales que evitan la violencia para no llamar la atención.

La supresión de grandes organizaciones criminales, la prohibición de ciertos bienes y servicios y el control general del crimen, ya sea organizado o no, conlleva costos.

Primero, estas intervenciones requieren grandes recursos financieros y humanos. Segundo, limitan los derechos de los acusados, condenados e incluso del público en general.

. . .

Tercero, al criminalizar ciertos bienes y servicios, se generan oportunidades para la corrupción y la violencia. Cuarto, estas políticas pueden llevar a los delincuentes o consumidores a prácticas peligrosas, como ingerir drogas para contrabandearlas. Además, las intervenciones pueden solo desplazar el problema a otra área, conocido como el "efecto globo" en política de drogas.

La guerra contra las drogas en EE.UU. no ha logrado su objetivo principal de reducir la disponibilidad de drogas.

A través de su prohibición, ha extendido el problema del tráfico de drogas a varios países de América Latina, generando corrupción, violencia y desestabilización. En Honduras, un pequeño país centroamericano, se registran más de 7,000 asesinatos al año, mientras que, en la Unión Europea, con 500 millones de habitantes, la cifra es menor a 6,000.

Las intervenciones políticas para controlar el crimen organizado deben considerar los límites y potenciales daños gubernamentales. Se deben evaluar tanto antes como después de su implementación en cuanto a su idoneidad y eficacia. Sin embargo, no siempre se lleva a cabo una investigación exhaustiva sobre los efectos de estas políticas.

La evaluación de medidas contra el crimen organizado es dificultada por la falta de un concepto preciso sobre el crimen organizado. La evaluación solo puede hacerse caso por caso. A pesar de estas incertidumbres, el objetivo global de las políticas de control del crimen organizado debería ser reducir los daños totales resultantes tanto del fenómeno del crimen organizado como de las políticas destinadas a controlarlo, reconociendo que ambos pueden causar daños y que las malas políticas incluso pueden crear oportunidades para el crimen organizado.

2

La Mafia Italiana

JUNTO A SU CONTRAPARTE ITALOAMERICANA, LA "MAFIA" italiana es vista como la encarnación definitiva del crimen organizado. A diferencia de la mayoría de los países desarrollados, Italia alberga organizaciones criminales de gran escala y centenarias que no solo participan en actividades criminales con fines de lucro, sino que también ejercen funciones cuasi-políticas, influenciando fuertemente la vida económica y política local. Estas mafias son distintas de las empresas que surgen y desaparecen en mercados ilegales, buscando ganancias rápidas.

Primero, repaso la historia del concepto "mafia", destacando los significados que se le han atribuido. Luego, presento las principales organizaciones criminales consideradas mafias en Italia. Discuto las cuatro características distintivas de las organizaciones mafiosas en Italia:

1. Longevidad de las organizaciones.
2. Su complejidad organizativa y cultural.
3. Su reivindicación de dominio político en sus áreas de asentamiento.
4. Su capacidad para controlar mercados legítimos.

Argumento que la Cosa Nostra siciliana y la 'Ndrangheta calabresa poseen estas cuatro características, mientras que varios grupos de la Camorra, con base en Nápoles, cumplen con las dos últimas. Concluyo con una breve revisión de las acciones antimafia desde la década de 1990 y cómo las mafias han reaccionado.

Breve Historia del Concepto "Mafia"

"Mafia" es una palabra de origen incierto que comenzó a ser usada en Sicilia en el siglo XIX. A lo largo del tiempo, su definición ha cambiado, abarcando desde movimientos de oposición política hasta grupos terroristas. Sin embargo, a fines del siglo XIX, comenzó a ser relacionada con grupos que ejercían control violento sobre la vida política y económica de sus áreas. Mientras que el método de represión de la mafia cambió con el tiempo, la conceptualización oficial de la mafia como organización criminal se mantuvo.

Aunque existe esta conceptualización oficial, emergieron dos nociones rivales: una presenta a la mafia como una sociedad secreta poderosa y bien organizada, y la otra refuta o cuestiona su legitimidad.

Desde fines del siglo XIX, la percepción de la mafia como organización criminal fue desafiada por el movimiento "sicilianista". Para ellos, la mafia era simplemente una actitud, producto de la reacción siciliana a los poderes extranjeros que habían dominado la isla. Según Giuseppe Pitrè, un etnógrafo siciliano, la mafia no es una secta ni una asociación. El mafioso es simplemente un hombre valiente y hábil, y la mafia es la conciencia de uno mismo.

Esta visión sicilianista de la mafia influenció a los científicos sociales que realizaron los primeros estudios en Sicilia entre 1960 y 1980. Afirmaban que la mafia era una actitud subcultural y una forma de poder, pero no existía una organización mafiosa como tal. Incluso en 1983, el libro de Pino Arlacchi, "La Mafia Imprenditrice", comenzaba diciendo que la mafia, tal como se entiende comúnmente, no existe.

Sin embargo, esta visión fue desafiada en la década de 1980, cuando investigaciones judiciales demostraron la existencia de grupos mafiosos estructurados. Actualmente, varias organizaciones anti-mafia en Italia promueven una comprensión amplia del término "mafia", englobando todas las formas de comportamiento ilegal organizado y las personas que colaboran con estas organizaciones. Para referirse a este amplio conjunto de personas, se usa con frecuencia la expresión "burguesía mafiosa".

Organizaciones Mafiosas en Italia

Existen tres organizaciones principales que se refieren a la mafia en Italia. La primera y más destacada es la Cosa Nostra siciliana, una confederación de alrededor de 150 grupos, principalmente en la parte occidental de Sicilia.

. . .

La segunda es la 'Ndrangheta, también una confederación de unos 150 grupos originarios del extremo sur de Italia, en la región de Calabria. A diferencia de la Cosa Nostra, la 'Ndrangheta también tiene grupos fuera de su región natal, específicamente en el norte de Italia y en países como Alemania, Canadá y Australia. Se estima que el número de miembros formales de la 'Ndrangheta es de al menos 10,000. No hay una estimación exacta para la Cosa Nostra, pero su número podría ser considerablemente menor, quizás tan bajo como 2,000. La Cosa Nostra ha sido tradicionalmente más selectiva en sus políticas de reclutamiento y ha sido más afectada por la acción policial en comparación con la 'Ndrangheta.

A diferencia de las dos primeras organizaciones, la tercera, la Camorra, no es una confederación sino una multiplicidad de grupos y bandas criminales independientes ubicados principalmente en la provincia de Nápoles y áreas circundantes, especialmente la provincia de Caserta. A pesar de ser colectivamente denominados como Camorra, estos grupos tienen características y modus operandi distintos y a menudo entran en conflicto violento entre sí.

. . .

Algunos son negocios familiares establecidos que, al igual que los grupos mafiosos sicilianos y calabreses, buscan ejercer dominio político sobre sus barrios y sistemáticamente infiltrarse en las instituciones gubernamentales locales. Un ejemplo es el "cartel" de grupos tipo mafioso de Camorra, los Casalesi, activos en la provincia de Caserta. Han establecido negocios legítimos con las ganancias del crimen y controlan varios sectores económicos locales. Estos grupos de la Camorra tienen operaciones no solo en Italia, sino también en otros países de la UE, Sudamérica y Estados Unidos.

Otros grupos de la Camorra son formaciones menos duraderas centradas en un líder carismático, generalmente un gángster exitoso, y cuyo objetivo principal es el lucro a través de negocios ilegales, principalmente el tráfico de drogas. Aunque también pueden ejercer algún control sobre actividades locales legales. Además, existen bandas más desorganizadas de delincuentes juveniles y adultos que se asemejan más al crimen común que al crimen organizado.

La composición y alianzas de muchas de estas bandas de la Camorra son tan inestables que a menudo es difícil para las autoridades encontrar evidencia de organizaciones criminales tipo mafia.

Por último, hay otras coaliciones criminales en Sicilia oriental y meridional y en Calabria septentrional, como la Stidda en las provincias de Agrigento y Caltanissetta, que también se mencionan ocasionalmente como mafia. Aunque su cohesión interna y recursos son menores que los de Cosa Nostra o 'Ndrangheta, han amenazado ocasionalmente la supremacía de Cosa Nostra debido a su mayor número de miembros y su disposición a usar la violencia.

Hasta principios del presente siglo, grupos delictivos ubicados en la región sur de Italia, Apulia, también eran conocidos como mafia y sus miembros eran acusados y condenados por actividades de organizaciones criminales tipo mafia. En particular, la Sacra Corona Unita, un consorcio de unos diez a quince grupos criminales del sur de Apulia, a veces era presentada como la cuarta mafia de Italia. Desde su fundación en 1983, la Sacra Corona Unita imitó la estructura y rituales de la 'Ndrangheta, pero su cohesión, estabilidad, capacidades económicas y poder político siempre fueron mucho menores. Tras la deserción de algunos de sus líderes y el arresto de la mayoría de sus miembros a principios del siglo actual, la Sacra Corona Unita ya no existe como una organización viable. En el sur de Apulia y en el resto de la región, actualmente operan varios grupos criminales, que principalmente se dedican al contrabando de personas y otros productos a través del estrecho marino que separa Apulia de Albania y Grecia, pero ocasionalmente también cometen crímenes típicos de la mafia, como extorsiones.

Las expresiones "crimen organizado" y "mafie" también se usan cada vez más para referirse a delincuentes extranjeros que operan en Italia. Desde principios de la década de 1980, Italia ha experimentado un proceso de internacionalización y etnicización de sus mercados ilegales. Esta tendencia, que comenzó en otros países de Europa occidental en la década de 1950, se produjo rápidamente en Italia desde mediados de la década de 1980, cuando Italia también se convirtió en destino de importantes flujos migratorios. Como resultado, hoy en las grandes ciudades de Italia, así como en Frankfurt, Londres o Ámsterdam, los bienes y servicios ilícitos son ofrecidos e intercambiados por una variedad multiétnica de personas. Junto a mafiosos y criminales locales, se encuentran empresarios ilícitos provenientes de diferentes partes del mundo. Algunos de estos criminales "étnicos" buscan ejercer un tipo de poder político dentro de sus propias comunidades, similar a los mafiosos sicilianos y calabreses en sus bastiones. Sin embargo, la mayoría de los grupos criminales extranjeros, así como los empresarios criminales italianos no mafiosos, no pretenden ejercer una autoridad política. Simplemente se conforman con ganar dinero rápidamente mediante el comercio de productos ilegales. Su composición interna también es muy diferente a la de los grupos mafiosos del sur de Italia. Algunos son negocios familiares o grupos unidos por fines lucrativos o metas ideológicas compartidas; muchos más son pequeñas bandas informales, fundadas en lazos de amistad y localidad.

Longevidad

Como ya se mencionó, la longevidad y las complejidades organizativas y culturales son las dos primeras características definitorias de las organizaciones mafiosas, y ambas están plenamente satisfechas por Cosa Nostra y la 'Ndrangheta.

. . .

En cuanto a la longevidad, la investigación histórica desde la década de 1980 ha demostrado que antecedentes de los grupos mafiosos contemporáneos de Sicilia y Calabria han existido desde la década de 1880, si no antes. En Calabria, en particular, las familias biológicas en el núcleo de algunos grandes grupos de la 'Ndrangheta han mantenido posiciones de poder en sus ciudades y pueblos durante los últimos 100 años. Un miembro de uno de estos grupos en 2009 presumió, "somos el pasado, el presente y el futuro".

Debido a sus raíces en tiempos premodernos, Cosa Nostra y la 'Ndrangheta todavía tienen algunas características premodernas clave, como la dependencia de "contratos de estatus y fraternidad", que les han ayudado a sobrevivir "sin" y cada vez más "contra el estado", pero que actualmente limitan su competitividad en los mercados ilegales globales. La misma continuidad no puede ser confirmada en el caso de la Camorra. Muchos grupos contemporáneos de la Camorra también recurren a los símbolos y rituales de la Camorra del siglo XIX. Sin embargo, a diferencia de Cosa Nostra y la 'Ndrangheta, los grupos criminales contemporáneos de Campania no derivan directamente de su predecesor del siglo XIX.

. . .

Complejidad Organizativa y Cultural

La estructura interna de Cosa Nostra y 'Ndrangheta y su aparato cultural de legitimación tienen pocos paralelos en el mundo del crimen por su complejidad y sofisticación.

Ambas son confederaciones de unos 150 grupos. Estos a menudo se llaman familias, pero son claramente distintos de las familias biológicas de los miembros, especialmente en Cosa Nostra. Sin embargo, debido al mayor tamaño de los grupos de la 'Ndrangheta, estos también tienen una estructura interna mucho más complicada que sus homólogos sicilianos. En la 'Ndrangheta, algunos grupos mafiosos, o locali, están compuestos por hasta 100 a 200 personas y, por lo tanto, para proteger a los jefes mafiosos, se ha desarrollado un sistema de clasificación interna. En ambas organizaciones mafiosas, los grupos individuales tienen sus propios órganos de gobierno. Las reglas de la organización prevén que estos cargos directivos deben ser confiados cada año a través de elecciones democráticas, aunque a menudo terminan siendo ocupados durante décadas por los miembros mafiosos más poderosos. A partir de la década de 1950, además, se establecieron cuerpos superiores de coordinación, conocidos como "comisiones". Aunque estos cuerpos a menudo han sido romantizados, no se pueden comparar con el consejo de administración de una empresa, ya que las comisiones mafiosas históricamente rara vez han estado a cargo de la planificación o coordinación de actividades lucrativas.

Según fuentes policiales, las dos comisiones de Cosa Nostra, que coordinan a las familias de la provincia de Palermo y de toda la región, han sido disueltas desde el cambio de siglo, ya que se había vuelto muy peligroso reunir a los representantes más importantes de los grupos mafiosos en un solo lugar al mismo tiempo, y la mayoría de ellos estaban encarcelados. Por el contrario, la comisión de la 'Ndrangheta parece haber ganado autoridad en tiempos recientes. La unidad de las dos confederaciones no depende de las comisiones coordinadoras. Más bien, está garantizada por el compartir códigos culturales comunes y una única fórmula organizativa. De hecho, la Cosa Nostra y la 'Ndrangheta son "sociedades segmentarias", es decir, dependen de la solidaridad derivada de la replicación de formas corporativas y culturales. Cosa Nostra y 'Ndrangheta también tienen un sofisticado aparato cultural, que consiste en símbolos, rituales y un conjunto de reglas.

. . .

Dos son los códigos subculturales que inspiran este aparato: honor y omertà. El código del honor básicamente requiere que un hombre defienda su persona y propiedad por sí mismo, es decir, sin recurrir a las autoridades. El concepto de omertà se solapa parcialmente con el honor pero además enfatiza el deber de mantener en secreto los asuntos internos de la organización mafiosa. El ritual más poderoso de ambas organizaciones es la ceremonia de iniciación, a través de la cual se imponen "contratos de estatus y fraternidad" a los nuevos miembros. Debido a la expectativa de reciprocidad generalizada, he llamado a ambas Cosa Nostra y 'Ndrangheta "hermandades mafiosas" en un trabajo anterior. Siguiendo a Collins, los grupos mafiosos también pueden ser referidos como "alianzas patrimoniales".

Aunque los contratos de estatus y fraternidad que subyacen a las membresías mafiosas parecen y son anticuados, pueden ser muy efectivos. Sin embargo, hay una gran limitación asociada con ellos: solo se pueden imponer efectivamente a personas que ya están socializadas en una cierta subcultura mafiosa. Esta limitación ha limitado primero el grupo de candidatos adecuados para ambas organizaciones. En segundo lugar, la ideología mafiosa de "honor y hermandad" está cada vez más desafiada por la creciente cantidad de tiempo y energía que los miembros mafiosos han invertido desde la década de 1970 en hacer dinero. Tercero, en Sicilia, los Corleonesi contribuyeron a debilitar aún más la ideología mafiosa al matar cruelmente a decenas de miembros de la mafia, violando muchas de las reglas de Cosa Nostra y aumentando el número de desertores.

Dominación Política

Cosa Nostra y la 'Ndrangheta, junto con varios grupos tipo mafia de la Camorra, comparten una característica importante. A diferencia de la mayoría de otros grupos de crimen organizado contemporáneo, estas organizaciones del sur de Italia no se conforman con producir y vender bienes y servicios ilegales.

Aunque estas actividades han adquirido relevancia en los últimos 30 años, el comercio de productos ilegales ni la maximización de beneficios han sido su objetivo principal en el pasado o el presente.

. . .

De hecho, es difícil identificar un solo objetivo: Cosa Nostra, la 'Ndrangheta y los grupos tipo mafia de la Camorra son organizaciones multifuncionales que siempre se han involucrado, a veces simultáneamente, en actividades orientadas al poder y al beneficio. Específicamente, la ejercitación de la dominación política siempre ha sido crucial para los órganos rectores de estas organizaciones. Estos órganos reclaman un poder absoluto sobre sus miembros, controlando todos los aspectos de sus vidas y buscando ejercer un poder similar sobre las comunidades donde residen sus miembros. Un desertor de la mafia explicó de la siguiente manera el deseo de estas organizaciones de ejercer un dominio político: las familias tienen sus propios negocios y estos involucran todo lo que ocurre en su territorio.

Es vital enfatizar que durante mucho tiempo el poder de la mafia fue más eficaz y legítimo que el del gobierno. En Sicilia occidental y Calabria del sur, los grupos mafiosos vigilaban con éxito a la población general, resolviendo conflictos y recuperando bienes robados. Incluso las instituciones gubernamentales solían llegar a acuerdos con los representantes del poder mafioso.

. . .

Tras la Segunda Guerra Mundial, jefes mafiosos en Sicilia eran considerados socios respetables por muchos políticos, apreciados por los bloques de votantes que podían movilizar.

De hecho, se estima que un porcentaje significativo de los miembros del partido Demócrata Cristiano en Sicilia occidental estuvo respaldado por Cosa Nostra.

Un ejemplo emblemático de estos "pactos oscuros" es Giulio Andreotti, uno de los políticos italianos más importantes del período de posguerra. En 2004, fue declarado culpable de apoyar a Cosa Nostra hasta 1980, aunque no pudo ser condenado debido al estatuto de limitaciones. Varios "hombres de honor" estuvieron activamente involucrados en la política, ocupando puestos políticos clave a nivel local y nacional.

Hoy en día, aunque muchas reglas mafiosas ya no se aplican sistemáticamente, los grupos mafiosos ejercen cierta "soberanía" mediante un sistema generalizado de extorsión.

. . .

Imponen impuestos a las principales actividades productivas dentro de su territorio y cuando se les pide mediar conflictos o garantizar derechos de propiedad, no dudan en intervenir.

A pesar de la creciente relevancia de las actividades lucrativas, los "hombres de honor" contemporáneos aún toman estos deberes en serio.

3

La Mafia Ítalo-Estadounidense

La Mafia en América se convirtió en una preocupación paralela a la ola de inmigración desde Italia a finales del siglo XIX. Estaba estrechamente vinculada a la victimización dentro de las comunidades italianas en las ciudades del noreste de EE. UU. El interés nacional en el crimen organizado ítalo-americano creció después de la era de la Prohibición. Esto condujo a la implementación de nuevas leyes federales potentes para infiltrarse en grupos de crimen organizado, el testimonio de numerosos informantes criminales y muchas condenas significativas, debilitando la influencia de los grupos ítalo-americanos en el crimen organizado americano. Aunque las actividades de estos grupos han permanecido notablemente similares con el tiempo, los cambios en las oportunidades y los mercados criminales han afectado las operaciones de la Mafia, que continúan hasta el día de hoy.

"Mafia" en América

La "Mafia" en Estados Unidos tiene sus raíces en el asesinato de David Hennessey en 1890. Hennessey era el superintendente de policía en Nueva Orleans cuando fue gravemente herido en la entrada de su casa. Se interpretó que sus últimas palabras indicaban una conexión italiana con su muerte. Aunque no se estableció conexión alguna entre la Mafia y este tiroteo, muchos en Norteamérica supusieron que existía una Mafia en Italia y que algunos de sus miembros estaban entre los inmigrantes de Italia del sur durante la década de 1880. Una explicación común dada para el crimen violento fue el laxo control migratorio. Se afirmó que muchos asesinatos de italianos en Nueva Orleans permanecían sin resolver, alimentando la creencia en una Mafia. El sentimiento local era muy antiinmigrante en ese momento, por lo que no es sorprendente que el tiroteo de Hennessey avivara los sentimientos antiitalianos. En algunos aspectos, la idea de criminales italianos importados es similar a las acusaciones hechas contra otros grupos de inmigrantes más recientes en Estados

Unidos, como cubanos, mexicanos y asiáticos, que son vistos como desproporcionadamente criminales.

Varias investigaciones históricas posteriores se han realizado para examinar más de cerca la naturaleza de la Mafia en Italia. Hay desacuerdo sobre la extensión y alcance de la organización, pero existe un consenso general de que existía el tipo Mafioso, que surgió para hacer cumplir contratos para terratenientes y negocios que un gobierno débil no podía llevar a cabo.

Estos Mafiosi a menudo se organizaban localmente y formaban empresas criminales continuas en apoyo a la extorsión y actividades relacionadas.

Pandillas de la ciudad y Prohibición

Después del tiroteo de Hennessey en 1890, el interés público en la Mafia rápidamente se desvaneció en Estados Unidos.

. . .

De hecho, durante el período de 25 años desde 1918 hasta 1943, la palabra Mafia apareció en el New York Times solo cuatro veces. Durante la década de 1900, se expresaron preocupaciones sobre el crimen organizado en Estados Unidos, pero no sobre la Mafia. El trabajo de John Landesco para la Encuesta de Crimen de Illinois en 1929 examinó el "Crimen en Chicago" y encontró que el crimen estaba "organizado a una escala y con recursos sin precedentes en la historia de Chicago". Identificó a gánsteres por nombre, incluyendo a Giacomo "Big Jim" Colosimo, seguido por John Torrio y luego por Al Capone, quien consolidó todas las formas de vicio comercializado y juego en Chicago a finales de la década de 1920.

Irónicamente, la preocupación por estos "gánsteres" se consideró un fenómeno local más que un problema de importancia nacional. Cabe recordar que esta fue la era de la Prohibición (el período entre 1920 y 1933 en Estados Unidos cuando las leyes, aprobadas según la Decimoctava Enmienda a la Constitución de EE. UU., prohibieron la fabricación o venta de licores alcohólicos). La Prohibición es probablemente responsable, más que cualquier otro evento, de la aparición de fuertes grupos de crimen organizado. El crimen organizado se desarrolló en torno al mercado subterráneo creado por el vacío entre la demanda pública de bebidas alcohólicas (y otros vicios como el juego y la prostitución) y su prohibición. Durante este período, la fabricación ilegal de alcohol, el contrabando y la operación de bares clandestinos fueron las principales formas de crimen organizado. Los productores de bebidas alcohólicas tenían una elección en 1920: cerrar, convertir su equipo para producir licor legal del 0.5%, o continuar con su negocio como siempre asociándose con personas cuestionables para comercializar su producto.

Con el tiempo, los grupos de crimen organizado evolucionaron hacia empresas criminales más sofisticadas, necesarias debido a la competencia de otros empresarios criminales y para evadir a la ley y sobornar a funcionarios públicos cuando fuera necesario. La guerra entre bandas era común, ya que inmigrantes de primera o segunda generación intentaban hacer fortuna. En Chicago, Giacomo "Big Jim" Colosimo fue asesinado por la gente de Johnny Torrio antes de que la Prohibición tuviera seis meses. Torrio fue posteriormente tiroteado cinco veces, pero sobrevivió. Posteriormente, se trasladó a Nueva York para convertirse en mentor de Lucky Luciano.

. . .

Hymie Weis controlaba parte de los vicios de Chicago con Al Capone como su principal competidor. Weis fue asesinado por la banda de Al Capone en 1926. Dadas las ganancias de la era de la Prohibición, la "Organización" de Chicago fue una fuerza poderosa en el crimen y la política de Chicago durante los siguientes 50 años.

En Nueva York, la historia fue similar. Arnold Rothstein organizó los vicios allí y fue mentor de figuras infames como Frank Costello y Jack "Legs" Diamond. Un intento de asesinato contra Frank Costello fracasó. Legs Diamond fue tiroteado y se recuperó, pero luego fue desafiado por Dutch Schultz. Rothstein fue finalmente asesinado en 1928, un crimen atribuido a Legs Diamond. Dutch Schultz fue asesinado más tarde por Charles "Lucky" Luciano en 1935.

Puede ser difícil recordar quién asesinó a quién durante este período, pero el punto general es claro: el crimen organizado a principios de la década de 1900 se centró en los vicios (especialmente el alcohol), implicó una gran corrupción para mantener cierto grado de inmunidad ante la aplicación de la ley, y la competencia para controlar estos vicios fue violenta. Esta violencia y el reinado de estas bandas disminuyeron a medida que la

Gran Depresión tomó fuerza en 1930, la aplicación de la ley se profesionalizó y se volvió más efectiva, y la Prohibición terminó en diciembre de 1933.

La Gran Depresión afectó los ingresos de muchos clientes, y el fin de la Prohibición cerró el enorme mercado ilegal de alcohol. Sin embargo, muchos grupos de crimen organizado se mantuvieron principalmente a través de las ganancias ilícitas obtenidas del juego ilegal.

Es importante señalar que no todas estas actividades ocurrieron dentro de grupos ítalo-americanos; hay evidencia de actividad criminal interétnica a lo largo de la historia del crimen organizado en América. Un estudio histórico sobre el comercio ilícito de drogas en Nueva York encontró jugadores principales con antecedentes judíos, pero también evidencia de cooperación interétnica entre criminales, que incluía a italianos, griegos, irlandeses y negros. Estos criminales no siempre trabajaban dentro de su propio grupo étnico. En realidad, eran "emprendedores de justicia criminal" involucrados en una "red de organizaciones pequeñas pero eficientes". Se concluyó que las redes de contrabando de opio en California eran "un esfuerzo multiétnico que involucraba actores de diversos orígenes étnicos".

Estudios recientes muestran hallazgos similares en el mundo del crimen. Patricia Adler descubrió que el mercado de drogas subterráneo es más competitivo que estructurado. Los participantes se adaptaban a las demandas del mercado en lugar de seguir estructuras étnicas. Un estudio en Nueva York reveló que las empresas criminales no eran monopolios clásicos ni estaban controladas por organizaciones externas. Las fuerzas del mercado local llevaban a operaciones que iban más allá de los vínculos étnicos.

En 1950, la Mafia volvió a ser noticia en Estados Unidos. El Senador Estes Kefauver presidió un comité especial del Senado para investigar el crimen organizado. A pesar de la amplia cobertura televisiva, no se produjo información objetiva sobre la verdadera naturaleza del crimen organizado en el país, y no se obtuvieron condenas. Sin embargo, se concluyó que existía una organización criminal llamada Mafia operando a nivel nacional. En 1957, un incidente en Apalachin, Nueva York, reavivó el interés público en la Mafia aunque no ofreció nueva información.

. . .

En 1963, Joseph Valachi testificó ante un subcomité del Senado de EE.UU. sobre la existencia de una organización de italoamericanos en el país. Valachi, asociado con la familia criminal Genovese en Nueva York, proporcionó detalles sobre esta organización llamada "Cosa Nostra".

Después de un incidente en prisión, Valachi cooperó con los investigadores federales. Durante este periodo, la comunidad científica tuvo reacciones mixtas. Mientras algunos cuestionaron las afirmaciones de Valachi, otros como el sociólogo Donald Cressey las respaldaron. Una investigación etnográfica proporcionó una visión detallada de cómo las tradiciones familiares y culturales se combinaban con oportunidades criminales.

Las recomendaciones del informe de la Comisión del Presidente sobre el crimen organizado en 1967 llevaron a la aprobación de tres leyes importantes: permitir el uso de grabaciones de escuchas telefónicas en juicios penales, introducir una ley de crimen organizado con penas más severas, y el Bank Secrecy Act, que abordó el lavado de dinero. Estas leyes se promulgaron en 1968 y 1970, pero no se usaron ampliamente hasta los años 80.

. . .

En 1980, Jimmy Fratianno, un delincuente convertido en informante del gobierno, superó en importancia a Valachi.

Fratianno, a diferencia de Valachi, era un miembro de alto rango de un grupo criminal organizado y su testimonio llevó a la condena de varios sospechosos de crimen organizado.

La mayoría de los casos de la Cosa Nostra en los últimos 30 años ocurrieron en Nueva York, pero otras partes de Estados Unidos también se vieron afectadas. Las organizaciones criminales italoamericanas han disminuido en tamaño e influencia. En algunas ciudades, las familias de la Cosa Nostra están casi extintas, y en otros lugares, como Florida del Sur, el crimen organizado basado en Rusia supera a la Cosa Nostra.

Ronald Goldstock señaló que la reducción de los barrios italoamericanos resulta en menos bandas criminales, y que muchos descendientes de mafiosos ahora optan por una vida legal.

. . .

Los Grupos y Organizaciones Criminales más Peligrosos

Las enérgicas campañas de persecución en los últimos 30 años, junto con los cambios generacionales, han llevado a la aparición de líderes más jóvenes, muchos de los cuales terminan siendo informantes.

La influencia del crimen organizado italoamericano ha disminuido, como se evidencia en las tendencias de condenas en los Estados Unidos. Al mismo tiempo, ha habido un aumento en la persecución de grupos criminales emergentes no italianos. Además, la Cosa Nostra ha enfrentado fuerzas del mercado que han reducido la rentabilidad de actividades criminales históricas, como el juego ilegal.

El papel de la Cosa Nostra en el tráfico de drogas ha sido limitado, con la excepción del caso "Pizza Connection". A pesar de esta excepción, el tráfico de drogas ha sido dominado por grupos de crimen organizado no mafioso.

A pesar de la disminución en influencia de la Cosa Nostra debido a juicios exitosos, su actividad subyacente persiste.

. . .

Por ejemplo, 120 miembros de la Cosa Nostra fueron arrestados en 2011 en el mayor arresto coordinado en la historia del FBI.

4

La Mafia Rusa

El 22 de agosto de 2007, un regimiento policial especial arrestó en San Petersburgo a Vladimir Barsukov, también conocido como Vladimir Kumarin. Kumarin, líder del grupo criminal Tambovskaya, había ganado una reputación como el "gobernador nocturno" de San Petersburgo, mostrando su influencia en la ciudad. Controlaba el comercio de gasolina y poseía propiedades en el centro de la ciudad. Su juicio se trasladó a Moscú para evitar interferencias y, en 2009, fue sentenciado a 14 años de prisión.

Este juicio marcó un precedente en Rusia, similar a los juicios de mafiosos estadounidenses como Al Capone. Antes de Kumarin, los líderes mafiosos rusos solían ser asesinados o morir en prisión durante investigaciones.

La condena de Kumarin simbolizó el inicio del declive de la mafia rusa después del año 2000. La muerte de Vyatcheslav Ivan'kov, otro destacado mafioso, en 2009 reafirmó este declive.

Se cree que el apogeo de la mafia rusa ha pasado y que no surgirán sucesores de similar estatus.

Se plantean tres preguntas clave sobre la mafia rusa: ¿Por qué surgió? ¿Por qué creció tan rápido en la economía de mercado? Y ¿por qué declinó casi tan rápidamente como creció? Estas preguntas deben considerarse desde una perspectiva sociológica. Es esencial entender cómo la mafia rusa se convirtió en un actor relevante en la economía y sociedad de transición.

La mafia rusa de los años 90 se puede entender como una agencia gobernante no estatal y una industria de protección.

Las mafias se organizan para usar la violencia y la coerción de forma controlada. Pueden regular crímenes convencionales sin participar directamente en ellos. Generan ingresos imponiendo relaciones con clientes en negocios ilícitos y legales, ofreciendo servicios como protección, mediación y regulación de entrada al mercado.

Actuando como estructuras gobernantes en el ámbito criminal, deben distinguirse del crimen convencional. Por ejemplo, si se dice que la mafia participa en el tráfico de drogas, no significa que sus miembros transporten drogas. El papel de la mafia suele ser de regulación e inversión.

Algunos estudiosos han señalado que este tipo de crimen organizado tiene una estructura muy similar al estado. A menudo, las políticas estatales que prohíben ciertos bienes y servicios crean mercados ilegales y oportunidades para el crimen organizado. Además, la regulación estatal ineficaz y leyes imperfectas crean oportunidades para que actores no estatales, como el crimen organizado, intervengan y se beneficien.

Las reformas destinadas a introducir principios de mercado en la economía rusa comenzaron en 1988, aún durante la existencia de la Unión Soviética. Estas reformas permitieron elementos del emprendimiento privado y el comercio a precios de mercado. Sin embargo, en 1992, tras la disolución de la Unión Soviética, el gobierno reformista desmanteló la economía planificada, liberó controles de precios y comenzó una rápida privatización. Durante este periodo, el poder de la mafia rusa creció enormemente.

Para que las empresas privadas funcionen a largo plazo, los derechos de propiedad y las reglas de intercambio deben estar claramente definidos. Además, debe existir un sistema fiable para hacer cumplir estos derechos y reglas. Pero, al iniciar la privatización y las reformas de mercado, el gobierno ruso no consideró esto. En lugar de construir instituciones fuertes que protegieran la libertad y la propiedad privada, el gobierno se centró en destruir los vestigios del sistema comunista. El resultado fue un vacío de poder que el crimen organizado aprovechó.

Las encuestas a empresarios rusos revelaron que durante la década de 1990, la baja disciplina contractual y la poca confiabilidad de los socios comerciales eran problemas crónicos. La hiperinflación y una proliferación de deudas mutuas entre empresas complicaron aún más la situación. A pesar de que los tribunales estatales de arbitraje estaban encargados de resolver disputas comerciales, su eficiencia era baja. Muchos casos se retrasaban y la aplicación de las sentencias era aún más problemática. En este contexto, muchos preferían soluciones extrajudiciales, lo que brindó más oportunidades al crimen organizado para intervenir como intermediario o garante.

La excesiva tasa impositiva y la impredecible manera de recaudación por parte de los inspectores fiscales incentivaron a los empresarios a evitar el sistema judicial oficial, orientándose hacia la economía sumergida y recurriendo a arbitrajes informales. Entrevistas a empresarios mostraron que, si se pagaban todos los impuestos formalmente, la tasa impositiva podría llegar al 90% de las ganancias. Esto hizo que muchos empresarios no registraran sus empresas o distorsionaran sus actividades reales. Se estima que la economía sumergida en la década de 1990 representó entre el 20% y el 45% del producto interno bruto.

En relación con el origen social del crimen organizado postsoviético, este se distingue por su naturaleza compuesta y múltiples orígenes.

. . .

Algunos segmentos eran explícitamente criminales, mientras que otros tenían poco vínculo anterior con el crimen o incluso estaban afiliados a las autoridades. Las subculturas criminales incluían a los "sinie" (los azules), "sportsmeny" (deportistas), "afgantsy" (afganos) y "kavkaztsy" (caucásicos).

Una rama particular del crimen organizado postsoviético se originó en las prisiones y campos de trabajo soviéticos en la década de 1930. Sus miembros, conocidos como blatnye o vory, rechazaron cualquier ocupación que no fuera el crimen y se abstuvieron de colaborar con las autoridades estatales. Eran conocidos por su jerga, tatuajes y estricto código normativo.

Las sociedades deportivas y clubes de artes marciales también dieron origen a muchos grupos de extorsionadores en la década de 1990. Su habilidad en la violencia, disciplina, y redes nacionales a través de torneos, los convirtió en figuras ideales para el crimen organizado. Por ejemplo, el líder criminal Otar Kvantrishvili coordinó extorsiones en Moscú mediante una organización fachada para lavar dinero del crimen. Otros líderes criminales tenían vínculos directos con el deporte. Las bandas étnicas combinaban virtudes marciales con lealtad absoluta a sus estructuras clan tradicionales, trasladándose desde regiones caucásicas en crisis hacia grandes ciudades comerciales.

Grupos más violentos fueron formados por participantes de la guerra en Afganistán y mercenarios que lucharon en Abjasia y Transnistria. Estas fraternidades combatientes poseían recursos similares a los deportistas y criminales profesionales: solidaridad, redes extensas y habilidad para la violencia. Entre los líderes prominentes estaban Anton Malevsky, líder del grupo criminal Izmailovskaya, y el ex paracaidista Sergei Lalakin, líder del grupo criminal Podolskaya. Roman, un miembro de un grupo criminal, habló sobre cómo sus conexiones de guerra le ayudaban en operaciones comerciales, especialmente en la importación de alcohol.

En Ekaterimburgo, ex combatientes en Afganistán formaron un grupo criminal llamado Afgantsy. Se especializaron en servicios de protección, seguros, comercio mayorista y estafas. La mayoría de los grupos criminales rusos tenían nombres basados en distritos o líderes. A medida que crecían, su esfera de influencia se basaba en los sectores que controlaban más que en una ubicación geográfica.

Las estructuras típicas de estos grupos eran jerárquicas, con líderes, sublíderes y soldados. Algunos tenían roles como asesores comerciales y políticos.

Con la reforma económica, creció la extorsión a empresarios.

Los grupos criminales a menudo ofrecían protección a cambio de pagos. Un empresario compartió su experiencia con extorsionadores, destacando que la protección puede ser beneficiosa si realmente proporciona seguridad. Un estudio de 1996 reveló que muchos dueños de tiendas tenían contacto frecuente con extorsionadores.

A medida que las empresas crecían, los grupos criminales adaptaban sus operaciones. Formaban "asociaciones de ejecución", donde monitoreaban oportunidades de negocio, respaldaban contratos y proporcionaban protección. Un líder de un grupo criminal describió cómo pasaron de actividades ilegales menores a tomar control de empresas y adquirir acciones.

Las asociaciones de aplicación no eran voluntarias para los empresarios comunes, sin embargo, su naturaleza coercitiva estaba bien cubierta por la fachada de amistad. Los miembros de grupos criminales imponían su protección a los clientes ofreciendo una asociación o sugiriendo "trabajar juntos". La presencia generalizada del delito obligaba a los empresarios a buscar formas de protegerse. A menudo, empresarios violentos forzaban a los empresarios a trabajar con ellos creando peligros o problemas de transacción de manera encubierta. Su capacidad para usar la fuerza y su reputación criminal dificultaba que los empresarios rechazaran o abandonaran dicha asociación.

La regulación y mediación eficaces, así como las órdenes de gobierno, son más eficientes si se refieren a un orden normativo aceptado, es decir, se basan en un conjunto de reglas en lugar de la mera fuerza. El poder de la mafia rusa no puede explicarse sin una cuenta de las nociones informales de justicia que legitimaban el uso de la violencia y las reclamaciones fiscales. Durante la década de 1990, los miembros del crimen organizado resolvían conflictos y disputas de propiedad con referencia a las "nociones". Hasta la fecha, esta palabra sigue siendo ampliamente utilizada en la sociedad rusa y denota formas de justificación y juicio alternativas al derecho formal. Las nociones pueden remontarse a los procedimientos de justicia informal elaborados por la élite de los criminales profesionales para regular la vida de las comunidades criminales y los reclusos en la Unión Soviética. Desde su inicio en la década de 1930, las "nociones de ladrones" tenían las siguientes características principales:

a. Fueron creadas y utilizadas como alternativa a las leyes estatales.

b. No estaban escritas ni codificadas.

c. El ejercicio de la justicia hipotética se basaba en la competencia y autoridad específica de individuos que actuaban como jueces.

d. El dominio jurisdiccional de las nociones de ladrones se limitaba originalmente a la comunidad de criminales profesionales.

Tras la desintegración del orden soviético, la justicia hipotética fue revivida y se extendió más allá de su jurisdicción original.

Se adaptó para regular las relaciones comerciales

en la nueva economía de mercado. Durante una década, las nociones se convirtieron en un orden legal informal alternativo al derecho y la justicia estatales. Los procedimientos judiciales y la aplicación del estado están limitados por normas procedimentales y dependen de los recursos y la capacidad de un sistema legal que fue lento e ineficaz en esos años.

En contraste con eso, la adjudicación informal de acuerdo con la justicia hipotética se realizó rápidamente, sin papeleo ni formalidades excesivas. Cualquier tipo de acuerdos escritos o pruebas, así como acuerdos orales realizados en presencia de un testigo, fueron aceptados. Lo que podría considerarse como prueba fue decidido individualmente por ladrones de ley u otras autoridades criminales a quienes los lados en conflicto aceptarían como mediador. Juzgaron de acuerdo con un sentido interno de justicia. La ventaja más importante del arbitraje en la sombra era su aplicación efectiva. Esta capacidad no solo se derivaba de la disponibilidad de aplicadores privados no restringidos por procedimientos legales sino también de un enfoque más flexible para la aplicación en sí. Por lo tanto, cuando se trataba de la devolución de deudas, el procedimiento de restitución tenía en cuenta la propiedad de cualquier pariente cercano e incluso amigos que podrían servir como garantía y ser confiscados a favor del acreedor, si sus reclamaciones eran consideradas justificadas por el juez.

En la década de 1990, independientemente de si tenían el título de ladrón de ley, los líderes de grupos criminales podían ejercer justicia hipotética, dado que tenían suficiente respeto y fuerza.

Según las nociones, los miembros de grupos criminales y sus palabras tenían prioridad sobre las de los empresarios a quienes afirmaban proteger. En caso de reclamaciones contradictorias, los miembros de grupos criminales gozaban de mayor confiabilidad. Pero según las nociones, cualquier palabra oral contaba, y los jueces criminales podían hacer que uno "responda por sus palabras". Las nociones prohibían el uso injustificado y excesivo de la fuerza o la expropiación injustificada de la propiedad de alguien. Tales casos eran considerados como "bespredel" y eran condenados y castigados. En realidad, un miembro del crimen organizado podía confiscar activos o extorsionar dinero de un empresario, pero esto tenía que ser justificado de alguna manera. No era raro que los miembros del crimen organizado obligaran a los empresarios a escribir notas de deuda bajo coacción y luego estas se podían usar para transferir dinero o bienes.

La Extinción de la Mafia Rusa

El rápido declive del crimen organizado en Rusia se debe a tres causas estructurales:

A. La Presión Competitiva en el Mercado de Protección: Durante los años 90, muchos empleados de ministerios de poder en Rusia fueron despedidos o dejaron sus cargos. Esto llevó a muchos de ellos al sector privado, estableciendo empresas de seguridad privada. Para 1998, el sector de seguridad privada empleó a más de 150,000 personas licenciadas. La creciente competencia de estas empresas de seguridad redujo la influencia de los grupos criminales en el sector de protección.

B. El Fortalecimiento del Estado: Desde 1998, y más notoriamente desde el 2000 con la elección de Vladimir Putin como presidente, hubo una consolidación y fortalecimiento del estado. Putin impulsó la centralización del poder ejecutivo, mejoró la capacidad fiscal y fortaleció la seguridad y el orden público. Muchos de los antiguos oficiales de seguridad fueron nombrados en posiciones clave del gobierno. Con este fortalecimiento, la policía y las empresas de seguridad legal desplazaron a los grupos criminales del mercado de protección. Los líderes criminales que continuaron sus actividades ilegales terminaron en prisión.

C. El Cambio en el Modelo de Negocio de la Mafia: A mediados de los años 90, algunos grupos criminales cambiaron su estrategia, pasando de la extorsión y protección a la propiedad legal de empresas. Pasaron de ser "bandidos" a presentarse como "hombres de negocios".

Aunque su identidad criminal seguía siendo conocida en círculos de negocios rusos, aprendieron a utilizar empresas extraterritoriales y bancos extranjeros para acumular sus ganancias.

El caso de OCG Uralmash

. . .

El grupo criminal Uralmash surgió de un grupo local de extorsión en Ekaterinburg y se convirtió en un influyente grupo empresarial regional. Estaba formado principalmente por deportistas que se entrenaron en los años 80 en clubes deportivos patrocinados por la planta de construcción de maquinaria Uralmash. Entre sus fundadores estaban boxeadores y otros deportistas. Uno de sus miembros destacó en una entrevista que el grupo sobrevivió gracias a su éxito económico al utilizar su influencia en el mundo empresarial legal. Según datos policiales, Uralmash estableció más de 200 empresas y obtuvo acciones en otras 90. Realizaron grandes inversiones en diversas áreas y apoyaron campañas políticas. A principios de la década de 2000, se iniciaron investigaciones sobre las actividades criminales del grupo, resultando en arrestos y la disminución de su influencia regional.

El caso del grupo criminal Tambovskaya

El grupo Tambovskaya se originó en la ciudad rusa de Tambov y, en los años 90, era uno de los muchos grupos de extorsión en San Petersburgo. Se movieron hacia el negocio legal, específicamente el comercio de combustible, y tomaron control de importantes infraestructuras. Para 1998, dominaban el comercio de gasolina en la región. Kumarin, líder del grupo, adoptó otro nombre y asumió un papel importante en la empresa petrolera. A pesar de su arresto en 2007, mantuvo el control sobre sus activos. El estilo mafioso de hacer negocios comenzó a desaparecer, y muchos líderes de la mafia emigraron o adaptaron sus roles. La mafia rusa experimentó cambios significativos debido a la dinámica estatal y otras condiciones cambiantes.

5

Crimen Organizado En Colombia

EL CRIMEN ORGANIZADO en Colombia actualmente es una actividad multidimensional que refleja un grave problema de gobernabilidad. Desde 1980, Colombia ha sido el principal productor ilegal de cocaína y desde los años 90, el principal cultivador de coca ilegal. También es un importante productor de dólares falsos, euros y pasaportes, y exportador de prostitutas latinoamericanas a Europa, líder en desplazados y niños soldados, y en secuestros extorsivos y sicarios. El cibercrimen, la corrupción y la existencia de guerrillas y paramilitares complejizan aún más la situación.

Aunque la industria de drogas ilegales ha centrado la atención, ha sido catalizadora para el desarrollo del crimen organizado en un ambiente estructural e institucional propicio.

Debido a su geografía, Colombia siempre tuvo dificultades para establecer el estado de derecho. El país se formó a partir de regiones aisladas con fuertes identidades locales. La falta de comercio internacional y una débil presencia estatal en muchas áreas complicaron la situación. Históricamente, el contrabando fue una actividad principal, y el país experimentó episodios violentos y guerras civiles. El sistema de control de cambio y las políticas de industrialización incentivaron actividades económicas ilegales y la corrupción. El sistema político tradicional, con estructura descentralizada, y eventos como La Violencia, deterioraron la legitimidad estatal. Tras La Violencia, surgió una expansión rural con poca presencia estatal. Esta expansión, y la desconfianza hacia el gobierno, llevaron a la formación de "repúblicas independientes" y guerrillas como FARC, ELN, M-19, y Quintín Lame, entre otros.

La debilidad del estado central en muchas regiones

. . .

La falta de una fuerte presencia estatal llevó a la creación de bandas criminales y grupos guerrilleros. En respuesta, el gobierno autorizó organizaciones de autodefensa respaldadas por terratenientes y empresarios. A lo largo del tiempo, estos grupos se convirtieron en fuertes movimientos paramilitares, asociándose con el poder político y económico local. Guerrillas y paramilitares controlaron gobiernos locales, financiando sus actividades mediante la corrupción.

Además, Colombia tiene una gran economía informal, lo que dificulta la aplicación de leyes y facilita actividades ilegales. Se estima que esta economía representaba el 39.1% del PIB en 1999-2000 y que los trabajadores informales constituyeron el 66.8% del empleo en 2006.

Estos factores hicieron que Colombia fuera vulnerable, respondiendo a la demanda mundial de marihuana en los años 60 y cocaína en los 70.

La Coca Antigua

. . .

La coca, usada para combatir la fatiga, tuvo un consumo limitado durante la era colonial. Aunque hubo intentos de comercializarla en el mercado internacional en el siglo XIX, no tuvieron éxito. A mediados del siglo XX, algunos terratenientes pagaban parte de los salarios con hojas de coca. Durante los años 30 y 40, se promovió un movimiento contra el consumo de coca debido a sus efectos negativos.

Marihuana

El uso recreativo de marihuana se introdujo en las ciudades portuarias a principios del siglo XX. Aunque inicialmente fue cultivada en áreas limitadas, en 1930 se prohibieron todos sus usos.

A pesar de esto, en la década de 1950, su consumo comenzó a crecer entre los jóvenes, con pequeñas exportaciones a Florida.

Cocaína y Opiáceos

Antes de los años 70, Colombia producía pequeñas cantidades de cocaína y heroína principalmente para el consumo local y para exportar al mercado estadounidense.

En 1956, se registró posiblemente la primera incautación de drogas colombianas en el extranjero, cuando dos hermanos de la élite de Medellín fueron capturados con 800 gramos de heroína en La Habana.

La participación colombiana en el negocio de drogas ilícitas comenzó en la década de 1970 con el cultivo de marihuana en la Sierra Nevada de Santa Marta. Parece que estadounidenses vinieron buscando lugares para cultivar marihuana, y colombianos con experiencia en contrabando comenzaron a participar. La migración colombiana a EE.UU. en los años 60 facilitó la creación de redes de distribución. Sin embargo, la producción doméstica de cannabis en EE.UU. y campañas de erradicación en Colombia redujeron la importancia de Colombia en el comercio de marihuana en los años 90.

A diferencia de la marihuana, la coca era más valiosa en relación a su peso y volumen y fácil de refinar. Se usan diversos métodos para producir cocaína, un proceso resumido por CICAD-OAS. Primero, la coca se procesa en pasta de coca, luego se produce la base de cocaína y finalmente se obtiene la cocaína con la adición de ácido clorhídrico. Colombia comenzó su participación en el comercio de cocaína importando pasta de coca de Bolivia y Perú para refinarla y exportarla a EE.UU. A finales de los años 70, los cultivos de coca emergieron en áreas recién pobladas y alejadas. Sin embargo, la presión gubernamental en los años 80 cambió la dinámica, desplazando los cultivos a áreas más remotas. Para 1991, Colombia era el tercer mayor productor de coca.

El tránsito de operaciones a pequeña escala a grandes organizaciones criminales fue rápido, gracias a los altos beneficios del negocio. Los inmigrantes colombianos en EE.UU. facilitaron las redes de distribución y lavado de dinero. Para 1978, Carlos Lehder ya controlaba una isla en Bahamas desde donde enviaba cocaína a EE.UU. Esta innovación cambió el negocio, llevando a la formación de "carteles" que coordinaban la industria de la cocaína. Estos carteles adquirían pasta de coca y base de cocaína, establecían laboratorios, organizaban exportaciones y las ventas al por mayor en EE.UU. para minimizar riesgos.

. . .

La participación de Colombia en el tráfico de drogas ilegales durante la década de 1980 se caracterizó por la formación de redes de distribución en Estados Unidos y el uso de la violencia para establecer dominio. Los colombianos, con su inclinación hacia la violencia, superaron fácilmente a otros grupos de contrabando, especialmente aquellos de Bolivia y Perú. Las enormes ganancias del comercio requerían sistemas complejos de lavado de dinero, y la visible adquisición de riqueza hacía a los narcotraficantes notorios. Para proteger sus actividades y ganancias, traficantes como Pablo Escobar crearon una amplia red de apoyo social que abarcaba desde campesinos, abogados y políticos hasta policías, guerrilleros y banqueros.

Una de las iniciativas más visibles de Escobar fue la construcción de un gran barrio residencial en Medellín, ahora llamado "Barrio Pablo Escobar", donde se donaron casas a los empobrecidos. También financió alrededor de 50 campos de fútbol. La corrupción política estaba a la vista ya que muchos políticos estaban vinculados con los principales carteles de droga, incluyendo los de Cali y Medellín.

. . .

Para la década de 1980, los carteles colombianos dominaban la producción y exportación de cocaína a EE. UU. y Europa, destacándose prominentemente los carteles de Medellín y Cali. Estos carteles operaban con vastas redes.

Una estimación de Zabludoff (1997), basada en inteligencia estadounidense, sugería que los diez principales cárteles colombianos tenían un núcleo gerencial de aproximadamente 500 individuos. Estos carteles además empleaban a miles en diversos roles, desde trabajadores de laboratorio hasta lavadores de dinero y ejecutores. Una capa adicional estaba compuesta por freelancers como pilotos, químicos y abogados, a menudo trabajando a tiempo parcial para el tráfico de drogas.

Los dos principales carteles, Medellín y Cali, adoptaron estrategias contrastantes. Escobar y Carlos Lehder del cartel de Medellín buscaron activamente el poder político. Lehder incluso formó un partido político a principios de la década de 1980, mientras que Escobar fue elegido para la Cámara de Representantes. Su objetivo principal era modificar el tratado de extradición de 1978 con EE. UU. Mientras tanto, el cartel de Cali prefería operar desde las sombras, comprando sutilmente el apoyo político. Sin embargo, ambos carteles establecieron grupos armados para proteger sus activos e influir en la política y la sociedad. El cartel de Medellín, en particular, fue notorio por sus actos de terror, incluidos los asesinatos de políticos, periodistas y oficiales de la ley, todo para combatir la extradición.

Los enfrentamientos entre los dos carteles eran frecuentes, especialmente por el lucrativo mercado de Nueva York. Estos resultaron en confrontaciones violentas, incluidos atentados en Colombia. Inicialmente, ambos carteles vendían a distribuidores independientes en EE. UU., pero con el tiempo, comenzaron a enviar células para distribuir directamente, lo que llevó a más conflictos.

El cartel de Medellín innovó el uso de jóvenes asesinos, o sicarios, para diversas tareas violentas, una tendencia adoptada posteriormente por el cartel de Cali.

La respuesta inicial del gobierno colombiano al narcoterrorismo en auge fue negociar con Escobar. Según el acuerdo, Escobar sería encarcelado en una prisión de su diseño. Sin embargo, continuó sus operaciones de drogas desde este lugar, y cuando el gobierno intentó trasladarlo a una prisión convencional, escapó. Esta fuga provocó una intensiva ofensiva gubernamental contra el cartel de Medellín. Para el 2 de diciembre de 1993, día en que Escobar fue asesinado, el dominio del cartel de Medellín había disminuido significativamente. Es notable que el cartel de Cali, que había tenido escaramuzas anteriores con el grupo de Medellín, asistió al gobierno proporcionando inteligencia sobre Escobar.

Álvaro Uribe fue elegido presidente en 2002 con una postura firme contra las FARC. Su plataforma de "seguridad democrática" pretendía proteger a los ciudadanos del secuestro y la extorsión. Las iniciativas antidroga de Uribe se centraron principalmente en erradicar los cultivos ilegales para cortar las finanzas de las FARC y extraditar a los narcotraficantes a Estados Unidos.

En 2003, el gobierno de Uribe introdujo el "Plan Patriota" para ampliar el control del Estado y combatir a las FARC, que se habían replegado a zonas remotas de la selva. Desde entonces, aunque el gobierno ha logrado avances significativos contra las FARC, el grupo guerrillero sigue invicto.

En 2004, Uribe inició conversaciones con grupos paramilitares vinculados al gobierno. Se presentó un proyecto de ley de "Paz, Justicia y Reparación" y se estableció una zona de desmovilización para jefes paramilitares en Ralito. Esto condujo a la desmovilización de unos 37.000 paramilitares que luego tuvieron que reintegrarse en la sociedad.

Los paramilitares y los narcotraficantes, por diversos medios, acumularon grandes extensiones de tierra, obligando a menudo a los pequeños propietarios a abandonar sus propiedades. En la actualidad, Colombia cuenta con más de 3 millones de campesinos desplazados debido a la adquisición de tierras por parte de estos grupos.

En el Congreso surgieron tensiones en torno a la ley de "Paz y Justicia", especialmente en lo relativo a las adquisiciones de tierras mediante intimidación o violencia. Algunos narcotraficantes explotaron la situación de Ralito para legitimar su situación.

· · ·

La fumigación aérea de los campos de coca, que comenzó en la década de 1980, se amplió bajo el mandato de Uribe. A pesar de los enormes esfuerzos de erradicación, existen discrepancias entre los datos de erradicación, producción de cocaína y demanda. La fumigación también tuvo consecuencias imprevistas.

Aunque se pusieron en marcha programas de desarrollo alternativo, no tuvieron tanto impacto como los esfuerzos de erradicación. La extradición se convirtió en una estrategia antidroga crucial durante el mandato de Uribe. Las extradiciones se dispararon, con más de 1.100 narcotraficantes extraditados, entre ellos muchos paramilitares, lo que supuso un aumento significativo con respecto a antes del mandato de Uribe. Sin embargo, la extradición suscitó debates sobre sus implicaciones para la justicia y sus beneficios para los delincuentes.

La intensificación de las operaciones contra la industria de la droga se saldó con la detención y extradición de muchos de los principales traficantes. Esto provocó luchas de poder entre los traficantes de nivel medio. El gobierno introdujo un programa de reinserción, pero muchos de los participantes, formados únicamente en la delincuencia, formaron nuevos grupos criminales.

La desintegración de los principales grupos paramilitares y la fragmentación de la industria de la droga propiciaron el surgimiento de nuevas entidades delictivas.

Destacaron las "agencias de cobro", que se encargaban de diversas actividades delictivas. Su influencia se hizo evidente, por ejemplo, en el repunte de la tasa de homicidios de Medellín tras la extradición de un importante cabecilla criminal.

También surgieron nuevas bandas de delincuentes, centradas en el control de los canales de producción y distribución de drogas. Además, pequeños sindicatos "boutique", formados por personas con formación, se especializaron en la exportación de drogas y el blanqueo de dinero.

Factores subyacentes del comportamiento delictivo y limitaciones de las políticas

. . .

El predominio de la producción de coca-cocaína en un número limitado de países no se debe únicamente a la demanda exterior. En el fondo, si un producto prohibido en todo el mundo que puede producirse prácticamente en cualquier lugar se produce principalmente en determinados países, sugiere que estos lugares son más propicios para las actividades ilícitas. Esto sugiere que la proeza de Colombia en el comercio de cocaína tiene menos que ver con su rentabilidad y más con su condición de actividad ilegal. La ventaja de Colombia en este comercio se basa en su capacidad para llevar a cabo actos ilícitos, una capacidad basada en su estructura sociopolítica y sus instituciones.

Las empresas ilegales no surgen simplemente por una relación directa de causa-efecto. Su aparición se debe a menudo a una combinación de problemas socioeconómicos como la exclusión social, la pobreza, la desigualdad, el desempleo y la corrupción. Sin embargo, estos factores por sí solos no conducen a la delincuencia organizada; muchas naciones experimentan estos problemas sin que se produzca un aumento de las actividades ilícitas. El elemento crítico para tales actividades es la presencia de normas sociales y jurídicas contradictorias.

. . .

Ocasionalmente, las acciones ilegales pueden surgir por puro oportunismo, con individuos que actúan por impulso.

Sin embargo, las empresas económicas ilícitas a gran escala, más allá de las infracciones menores, exigen una planificación organizada y esfuerzos de colaboración. Establecer industrias como la de la coca-cocaína requiere un sofisticado entramado ilícito, sólo factible en sociedades en las que importantes facciones no consideran válidas las leyes oficiales.

En las sociedades regidas por el Estado de Derecho, los delitos suelen ser acciones de una minoría, y los sistemas jurídicos estándar pueden mantener el orden.

Sin embargo, cuando un segmento considerable de la sociedad considera que las normas establecidas son tendenciosas o ilegítimas, esta divergencia sienta las bases para la expansión de las empresas ilícitas.

. . .

Sin embargo, no todos los países con una disonancia entre las normas formales y las sociales son testigos de la delincuencia organizada a gran escala. Por ejemplo, a pesar de las diferencias ideológicas entre los monjes budistas y el gobierno nepalí, los monjes no están implicados en actividades delictivas. Para que florezcan las industrias ilícitas, las normas sociales también deben ser indiferentes a las consecuencias más generales de sus acciones, como se observa en los casos en que los individuos se sienten ajenos a las normas y valores sociales.

Una sociedad puede tener grupos periféricos cuyos valores difieren de las normas dominantes, y que pueden justificar acciones ilegales en nombre de objetivos más elevados, ya sea la liberación nacional, el derrocamiento de regímenes opresivos, guerras religiosas o simplemente la salvaguarda del bienestar de su familia. Con el tiempo, si la disonancia normativa se amplifica y la aplicación de la ley se debilita, puede surgir un ethos individualista egocéntrico que aumente la probabilidad de producción de drogas ilícitas.

Estos individuos o facciones podrían ver la producción de drogas como un medio para promover sus objetivos.

Es fundamental comprender que no existen requisitos previos absolutos para la delincuencia. Una sociedad puede poseer todos los catalizadores potenciales y, sin embargo, no tener redes importantes de delincuencia organizada. Sin embargo, estas sociedades siguen siendo susceptibles y pueden convertirse en focos de delincuencia organizada y economías ilegales en cualquier momento. De forma análoga a los organismos vivos, las sociedades tienen distintos niveles de inmunidad frente a los diferentes males.

Aunque la prevención completa es inalcanzable, la estrategia principal debería ser reforzar estas defensas.

Esta ausencia de requisitos previos definidos plantea un problema a la hora de señalar las causas. Por ejemplo, aunque una recesión económica pueda coincidir con un aumento de la delincuencia organizada, puede ser simplemente un acontecimiento precipitante y no la verdadera causa fundamental. El verdadero problema radica a menudo en el conflicto entre las normas sociales y las formales, que pueden legitimar la infracción de la ley para algunos.

B. **Deficiencias de las estrategias actuales**

. . .

Las políticas antidroga de Colombia abarcan un amplio espectro: persecución de los capos de la droga, su extradición, eliminación y fumigación de cultivos ilícitos, interdicción de agentes químicos y estupefacientes, imposición de penas más estrictas, promulgación de leyes contra el blanqueo de dinero, revisión de los sistemas judiciales, y otras.

Aunque estas estrategias abordan elementos periféricos como la regulación de los precursores o la pobreza, eluden en gran medida la cuestión fundamental de las normas contradictorias o los problemas de gobernanza. La delincuencia organizada y el tráfico ilícito de drogas son a menudo manifestaciones de fracturas sociales profundamente arraigadas. Mientras éstas persistan, las drogas y la delincuencia seguirán arraigadas. La "guerra contra las drogas", que dura ya cuatro décadas, ilustra la naturaleza irresuelta del dilema de las drogas. La verdadera tarea de Colombia no es sólo la despenalización de las drogas, sino el establecimiento de un auténtico Estado de derecho, ¡una empresa colosal!

6

Los Cárteles Mexicanos De La Droga

LA RELACIÓN de México con el tráfico ilícito de estupefacientes se remonta a más de un siglo, tejiendo una historia de mala gestión social y repercusiones imprevistas de las medidas políticas estadounidenses. La génesis de estas cofradías del hampa se remonta a la época de la Ley Seca estadounidense, en los años veinte y treinta, cuando la prohibición del alcohol dio lugar al surgimiento de célebres bandas criminales.

Situadas estratégicamente en la frontera entre Estados Unidos y México, ciudades como Tijuana y Ciudad Juárez se convirtieron rápidamente en centros neurálgicos de estas operaciones. Dada la abundancia de marihuana y adormidera en México y su ventaja geográfica, era casi inevitable que las facciones mexicanas sacaran provecho de ello, intensificando su producción y sus operaciones de contrabando a través del Río Grande.

En el crepúsculo de la década de 1930, el noroeste mexicano -principalmente en estados como Sinaloa, Durango, Chihuahua y Baja California- bullía con actividades de producción y tráfico de drogas, un legado que persiste hoy en día, ya que estas zonas son corredores principales para los movimientos de drogas.

Desde sus inicios, el tráfico de drogas ha estado inextricablemente entrelazado con los pasillos del poder. Pioneros como Arturo Vaca en la década de 1930, y más tarde Miguel Ángel Félix-Gallardo, del formidable cártel de Guadalajara en la década de 1980, tenían antecedentes policiales. Mientras tanto, grupos como los Zetas, se originaron a partir de renegados de las Fuerzas Especiales del Ejército mexicano. Sin embargo, muchos se integraron en el sistema de gobierno fomentado por el Partido Revolucionario Institucional (PRI), que prácticamente mantuvo el monopolio del poder desde 1929 hasta 2000. Estos narcotraficantes han sido históricamente lucrativos objetivos de extorsión por parte de políticos y funcionarios encargados de hacer cumplir la ley.

Bajo los auspicios del régimen priísta, funcionarios de alto rango, desde senadores hasta gobernadores, se vieron envueltos en este nexo. Expuestos por los medios de comunicación o envueltos en batallas legales, muchos tenían afiliaciones con ciertas facciones del narcotráfico, a menudo proporcionándoles cobertura mientras dirigían la ira de las fuerzas del orden hacia sus competidores.

En numerosos casos, se han depurado organismos policiales enteros debido a la corrupción rampante y a la connivencia con facciones de la droga. Un caso notorio fue la disolución de la Dirección Federal de Seguridad mexicana en 1985, tras el asesinato del agente de la DEA Enrique Camarena a manos del cártel de Guadalajara.

El equilibrio mantenido por el PRI empezó a tambalearse a finales de la década de 1980, cuando sufrió pérdidas electorales en varios estados del norte. Este vacío político exacerbó las guerras territoriales entre facciones del narcotráfico, lo que provocó un aumento de la violencia relacionada con las drogas. La situación se agravó aún más con la intensificación de las operaciones antidroga de Estados Unidos contra México. La violencia fue en aumento a partir de 2006, cuando el Presidente Felipe Calderón declaró un ataque frontal al narcotráfico, catalizando inadvertidamente un aumento sin precedentes de los homicidios inducidos por las drogas.

La cercanía de México a Estados Unidos desempeñó un papel en su implicación con las drogas ilícitas, pero esto no refleja toda la historia. El PRI estableció una burocracia dominante, creando un complejo sistema federal con funciones policiales locales que se solapaban, diluyendo la responsabilidad en la aplicación de la ley. Surgieron incluso historias de líderes policiales que sobornaban a funcionarios para conseguir puestos en lucrativas zonas de drogas.

Debido a la falta de una policía federal eficaz y digna de confianza, se recurrió al ejército para hacer frente al narcotráfico, pero este cambio no frenó la corrupción.

A lo largo de los años, se han disuelto batallones militares enteros por tratos corruptos con los cárteles de la droga. Incluso el general Jesús Gutiérrez-Rebollo, una figura respetada a finales de la década de 1990, fue detenido por sus conexiones con un importante grupo de narcotraficantes con base en Ciudad Juárez. Recientes evaluaciones de Washington han indicado una reticencia por parte del ejército mexicano a actuar sobre la base de información valiosa, y figuras clave del gobierno de Calderón se enfrentaron a escrutinios y críticas.

La presencia de una autoridad central frágil y de líderes locales influyentes hizo de la corrupción una herramienta de control territorial. El PRI mantenía tal dominio sobre las entidades cívicas que cualquier organización permitida era esencialmente una herramienta del partido, especialmente los sindicatos. La ausencia de rivales políticos significativos hasta la década de 1980, junto con las tácticas del PRI de compra de votos y concesión de favores, reforzaron su control del poder.

Este panorama propició el crecimiento del narcotráfico, especialmente en lugares donde las normas sociales divergían significativamente de las normas gubernamentales que prohibían las actividades relacionadas con las drogas.

. . .

Este statu quo persistió hasta mediados de la década de 1980. La caída de los principales cárteles colombianos brindó oportunidades a las facciones mexicanas. A medida que el control del PRI se aflojó en la década de 1980 y México pasó a un sistema multipartidista en 2000, los grupos de narcotraficantes mexicanos se adaptaron, incorporando nuevas técnicas y superando a las entidades colombianas en muchos mercados estadounidenses.

Las secciones siguientes profundizan en la historia del comercio del opio y la heroína, remontándose a finales del siglo XIX. En ellas se analiza la aparición de las rutas de contrabando, la influencia de la Segunda Guerra Mundial en el narcotráfico, el ascenso de los cárteles mexicanos a partir de la década de 1930, las relaciones entrelazadas entre el partido dominante y el narcotráfico, y cómo las presiones externas en favor de la modernización empujaron al gobierno a enfrentarse a esta industria ilícita. El cambio de siglo marcó cambios significativos, ya que los cambios políticos y la integración económica global de México condujeron a una industria de la droga más compleja que incluso se hizo con el control de los gobiernos regionales. Esto acabó provocando una ofensiva del gobierno de Calderón, que se tradujo en un aumento de la violencia.

Historia temprana

En México se producen drogas ilegales desde hace mucho tiempo, principalmente en Sinaloa. A finales del siglo XIX, la marihuana y la adormidera fueron traídas a esta región por inmigrantes chinos, a pesar de que estas sustancias no eran habituales en las prácticas medicinales o culturales. La marihuana empezó a exportarse a Estados Unidos a finales del siglo XIX, y el opio hizo lo propio a principios del XX.

Las prohibiciones iniciales de los estupefacientes comenzaron a nivel municipal y estatal en México en 1878. A finales de la década de 1870, el opio y la morfina sólo podían adquirirse en Ciudad de México con receta médica, lo que supuso una primicia en América. Aunque el opio procedía originalmente de Estados Unidos, Europa y Asia, su cultivo floreció en México. Entre el siglo XIX y la década de 1920, el opio y sus derivados, como el láudano y la morfina, se utilizaron popularmente con fines medicinales.

. . .

A principios del siglo XX, la heroína se incluía en los jarabes para la tos y los extractos de peyote se utilizaban como tónicos cardíacos. En los años veinte, se promocionaban los tónicos de coca para diversas dolencias.

Sin embargo, después de que Estados Unidos aprobara la Ley de Exclusión del Opio en 1909, que prohibía las importaciones de opio para fumar, México pivotó para convertirse en un importante exportador de drogas. Sucesivas leyes estadounidenses, como la Ley de Narcóticos Harrison de 1914 y la Ley de Importación y Exportación de Estupefacientes de 1922, hicieron lucrativo el mercado de narcóticos en Estados Unidos. La prohibición del alcohol en Estados Unidos impulsó aún más a los mexicanos a explotar estos altos precios de la droga. Durante este periodo, México no contaba con una ley federal sobre estupefacientes, por lo que las exportaciones de opio, heroína y marihuana a EE.UU. se dispararon, especialmente cuando EE.UU. empezó a regular el consumo, la producción y la venta de marihuana. Esto provocó un notable aumento del contrabando a través de la frontera entre Estados Unidos y México a partir de 1910.

. . .

En Sinaloa aumentaron los campos de adormidera y empezaron a aparecer fumaderos de opio en muchas regiones de México. Estados Unidos, que buscaba controlar el contrabando internacional de drogas, especialmente tras la Ley Harrison, presionó a México para que tomara medidas. En 1916, el Presidente mexicano Carranza prohibió las importaciones de opio. Los contrabandistas utilizaban principalmente rutas a través de Mexicali y Tijuana, en Baja California, para introducir opio en EE.UU., que llegaba sobre todo por barco desde Asia a puertos como Acapulco, Mazatlán y Ensenada.

Las leyes parecían hechas a medida para perseguir a individuos como Cornel Esteban Cantú, el líder militar de Baja California, considerado por las aduanas estadounidenses como el que dominaba el tráfico de drogas en la región. Cantú, que había establecido un sistema de impuestos en su territorio, se enfrentó a una mayor presión cuando Carranza prohibió todas las transacciones de opio en Baja California en 1917.

. . .

En la época de las frecuentes incursiones de las autoridades estadounidenses en México en persecución de los narcotraficantes norteamericanos, se instó al Presidente Carranza a que atajara con decisión el contrabando de opio. Esta acción se produjo durante la Revolución Mexicana y con el recuerdo de la guerra entre Estados Unidos y México aún latente. El objetivo era afirmar la soberanía mexicana frente al influyente Estados Unidos.

En 1920, México prohibió el cultivo y la venta de marihuana. En 1923, el presidente Obregón amplió la prohibición al opio, la cocaína y la heroína. México se alineó esencialmente con la Convención de La Haya de 1912 sobre las restricciones al opio y la cocaína, aunque no se adhirió formalmente hasta 1925. La nación reforzó sus esfuerzos antidroga en años posteriores, especialmente bajo la presión de Estados Unidos, ya que los inmigrantes mexicanos eran cada vez más señalados como contrabandistas de marihuana.

Sin embargo, la producción y exportación de opio y marihuana desde México se disparó durante las décadas de 1920 y 1930, abasteciendo una parte significativa del mercado de opio estadounidense. Algunos traficantes mexicanos, como Enrique Fernández-Puerta y Arturo Vaca, adquirieron importancia. Regiones como Sinaloa, Durango, Chihuahua y Baja California se convirtieron en centros de producción y tráfico de drogas.

El surgimiento de los cárteles de la droga en México

A partir de la década de 1930, México se convirtió en la principal fuente de marihuana para Estados Unidos, ampliando sus exportaciones a la heroína en la década de 1970 y sirviendo como ruta de tránsito de la cocaína. El cultivo de drogas se extendió por todo el país en 1975. En particular, los campos de adormidera proliferaron en Oaxaca y Chiapas, mientras que la erradicación y las incautaciones de marihuana se dispararon.

Estados Unidos expresó su alarma mediante la "Operación Intercepción" en 1969, sellando temporalmente la frontera con México. Mientras Estados Unidos proponía acciones conjuntas para hacer cumplir la ley, México lanzaba sus amplias campañas antidroga.

La de mayor envergadura fue la "Operación Cóndor" de 1977, en la que se desplegaron 10.000 soldados para hacer frente a las redes de narcotraficantes, especialmente en el "Triángulo de Oro" de Sinaloa, Durango y Chihuahua. Esta operación dio como resultado una reducción de los cultivos de droga y un breve descenso de los índices de delincuencia.

La "Operación Cóndor" alteró la dinámica entre Estados Unidos y México, que se sumó a la guerra de Estados Unidos contra las drogas. México empezó a recibir una importante ayuda técnica estadounidense, que incluía equipamiento y formación. A cambio, México formalizó el papel de los agentes de inteligencia estadounidenses que operaban en su territorio. En 1983, bajo la influencia de Estados Unidos, el presidente Miguel de la Madrid intensificó el compromiso militar de México contra las drogas. En 1988, calificó el narcotráfico como una amenaza a la "seguridad nacional", coincidiendo con la introducción por parte de Estados Unidos de certificaciones anuales de cooperación para ayuda y asistencia global. A pesar del auge del narcotráfico, México nunca fue descertificado por Estados Unidos.

La Operación Cóndor, destinada a frenar las operaciones de narcotráfico en México, provocó inadvertidamente importantes ramificaciones. Entre ellas, el traslado de las operaciones de narcotráfico y de los traficantes a otras regiones, lo que obligó a los campesinos a emigrar a las ciudades, y graves problemas de derechos humanos.

El uso de productos químicos nocivos, especialmente el Paraquat, para la erradicación de cultivos complicó aún más la situación.

Esta operación reconfiguró significativamente el tráfico de drogas. Los pequeños traficantes quedaron fuera de juego y sólo quedaron en pie los cárteles más formidables y mejor organizados. Tras la operación, el negocio de la heroína y la marihuana se redujo, sobre todo después de que Estados Unidos empezara a rechazar la marihuana mexicana debido a su contaminación química.

. . .

En 1984 se produjo un importante revés para los traficantes con el descubrimiento y destrucción de un vasto centro de distribución de marihuana en Chihuahua. Pero en 1985, una clara señal de que los cárteles contraatacaban fue el brutal asesinato de Enrique Camarena, agente de la DEA, que marcó una audacia nunca antes vista por parte de los cárteles.

El entrelazamiento de los cárteles con el panorama político se hizo evidente. Caro-Quintero, del cártel de Guadalajara, tenía vínculos con la élite de Jalisco. Aunque se produjeron detenciones importantes, como la de Caro-Quintero y Fonseca-Carrillo, figuras como Félix-Gallardo, con vínculos políticos, permanecieron ocultas durante más tiempo.

Estas detenciones precipitaron una reforma en el panorama de los cárteles, dando a luz a "La Federación", que incluía a los principales grupos de narcotraficantes. Mientras la mayoría se conglomeraba, el cártel de El Golfo, dirigido por Juan García-Abrego y más tarde por Osiel Cárdenas Guillén, optó por mantenerse al margen.

. . .

A mediados de la década de 1990, "La Federación" empezó a fracturarse. El trágico asesinato del arzobispo de Guadalajara en un tiroteo fallido acentuó las tensiones. Con el paso de los años, las alianzas dentro del mundo de los cárteles se hicieron más fluidas, a menudo dictadas por los retos en constante evolución y los territorios que deseaban controlar.

A finales de la década de 1980, a raíz de los esfuerzos de interdicción más estrictos de Estados Unidos en el Caribe, las rutas de la cocaína se desplazaron a través de Centroamérica y México, pasando de los aviones a los barcos como principal método de transporte. A principios de la década de 1990, el cártel de Guadalajara empezó a colaborar con grupos cocaleros colombianos. Al principio, los colombianos pasaban cocaína de contrabando a México y la entregaban a los mexicanos para su transporte a Estados Unidos, donde era devuelta a los colombianos. Con el tiempo, los mexicanos recibían una parte de la cocaína como pago, lo que les permitía establecer redes de distribución en la costa oeste de Estados Unidos entre la considerable comunidad de emigrantes mexicanos.

. . .

La muerte de Pablo Escobar en 1993 y la detención de los líderes del cártel de Cali provocaron la fragmentación del narcotráfico colombiano en operaciones poco visibles. A estos grupos más pequeños les resultó ventajoso vender cocaína en México, eludiendo así las medidas de represión estadounidenses. Esto, unido a la represión estadounidense de las rutas de contrabando del Caribe, reforzó la fuerza de las organizaciones de narcotraficantes mexicanas. Estos grupos crecieron en poder, especialmente tras separarse de la influencia del PRI. Hubo numerosos casos de protección institucional del narcotráfico bajo el régimen del PRI. En particular, el director del Instituto Nacional para el Combate a las Drogas fue encarcelado en 1997 por su relación con el cártel de Juárez, y varios gobernadores del PRI fueron acusados de participar en cárteles de la droga.

El año 2000 marcó un cambio político significativo con la elección de Vicente Fox, del Partido de Acción Nacional (PAN), que puso fin al largo reinado del PRI. Fox intentó desmantelar la arraigada burocracia priísta y romper los lazos entre el gobierno y los cárteles de la droga. Las organizaciones de narcotraficantes respondieron con una mayor violencia. La mayor dependencia del ejército por parte del gobierno provocó un mayor derramamiento de sangre.

. . .

Aunque durante el gobierno de Fox se capturó a algunos líderes de cárteles, estas detenciones a menudo desembocaron en guerras territoriales, como la de Nuevo Laredo, que intensificaron la violencia relacionada con las drogas.

En 2002, el ejército mexicano inspeccionó a los suyos en Guamuchil (Sinaloa) y descubrió que algunos que debían luchar contra el narcotráfico en realidad lo ayudaban. Ese mismo año, varios generales del ejército fueron encarcelados por apoyar al cártel de Juárez.

Evolución del capo de la droga

La globalización reconfiguró el narcotráfico mexicano, transformando empresas familiares en organizaciones altamente profesionalizadas. Estos grupos se dedican ahora a la producción de heroína y marihuana, al transporte de grandes cantidades de cocaína y al mercado de las drogas sintéticas.

Aunque México no produce cocaína, una proporción significativa de la cocaína consumida en Estados

Unidos se canaliza a través de México. Con el tiempo, el porcentaje de contrabando a través de México aumentó, alcanzando el 95% en 2011. En una entrevista de 2007, un líder de un cártel colombiano describió el papel dominante que desempeñan los cárteles mexicanos, destacando sus inteligentes prácticas comerciales y cómo se han consolidado como los principales interesados en el tráfico de drogas. Además, los cárteles mexicanos han ampliado sus vínculos con los productores de cocaína en Perú desde mediados de la década de 1990, con fuertes inversiones de los cárteles mexicanos en la producción de cocaína en Perú.

En 2008, la influencia de México era tan profunda que el presidente peruano solicitó ayuda a las autoridades mexicanas para hacer frente al creciente problema. Múltiples informes han indicado desde entonces el creciente alcance de las organizaciones de narcotraficantes mexicanas en América Latina e incluso en Europa.

Las organizaciones mexicanas de traficantes han utilizado la violencia como estrategia para disuadir a la competencia. Mantienen el control sobre los territorios, permitiendo sólo las transacciones comerciales y no la explotación territorial por parte de grupos externos. A medida que las drogas sintéticas como la metanfetamina ganaban terreno en Estados Unidos, los cárteles mexicanos se dieron cuenta rápidamente de las ventajas de producir estas drogas. Son rentables, requieren menos infraestructura y pueden fabricarse en espacios reducidos, lo que ofrece una alta rentabilidad.

Tras las importantes detenciones de principios de la década de 2000, las organizaciones mexicanas de narcotraficantes experimentaron transiciones. Algunas formaron coaliciones, como el cártel de Juárez, que más tarde se desintegraron debido a conflictos externos. El cártel de Sinaloa, dirigido por Joaquín "El Chapo" Guzmán-Loera, surgió de forma dominante. Guzmán, que en su día figuró en la lista de los millonarios más importantes de la revista Forbes, era famoso por construir túneles para el contrabando de drogas e innovar en el tráfico de estupefacientes.

A pesar de su detención y posterior huida en 2001, siguió ampliando las operaciones de su cártel. La jerarquía del cártel de Sinaloa se compone de jefes regionales y líderes responsables de diversos aspectos operativos.

. . .

Después de 2000, el auge de las facciones armadas de seguridad cobró protagonismo en el narcotráfico mexicano, sobre todo tras la derrota electoral del PRI. Un ejemplo destacado es cómo Osiel Cárdenas-Guillén, del cártel del Golfo, integró en sus operaciones a un segmento de las Fuerzas Especiales del ejército mexicano, lo que dio lugar a la formación de los Zetas, ahora sinónimo de violencia relacionada con el narcotráfico.

La represión de Calderón

Cuando el Presidente Calderón, del PAN, asumió el poder en diciembre de 2006, prometió continuar la batalla contra el narcotráfico y desarrolló un programa de cooperación con Estados Unidos que más tarde incluyó la Iniciativa Mérida, un pacto bilateral de seguridad de 1.400 millones de dólares centrado en la aplicación de la ley, y a través del cual México recibía equipamiento y formación. El plan fue aprobado por el Congreso estadounidense en 2008. Calderón también puso en marcha operaciones conjuntas del ejército y la policía para luchar contra los contrabandistas.

. . .

Se desplegaron 12.000 policías y 45.000 soldados, con el resultado de miles de detenciones e incautaciones relacionadas con el narcotráfico.

La represión alcanzó a algunos de los líderes de los cárteles: el 16 de diciembre de 2009, Arturo Beltrán-Leyva, uno de los traficantes más poderosos de México, fue asesinado en Cuernavaca, cerca de Ciudad de México, e Ignacio Coronel, jefe de operaciones de drogas sintéticas del cártel de Sinaloa, corrió una suerte similar el 30 de julio de 2010.

Nazario Moreno González, líder y uno de los fundadores de La Familia Michoacana, fue abatido a tiros por la policía federal el 10 de diciembre de 2010. Entre diciembre de 2006 y diciembre de 2008, 184 delincuentes fueron extraditados a Estados Unidos. La batalla de Calderón reforzó los programas de interdicción y erradicación, combatió el secuestro, el crimen organizado y la corrupción. La "Operación Limpieza", iniciada en octubre de 2008, se centró en la corrupción y condujo a numerosas detenciones de funcionarios del gobierno, entre ellos el subprocurador encargado de la lucha contra el narcotráfico, el jefe de Interpol México y altos dirigentes del aparato de inteligencia del gobierno, la oficina antinarcóticos y los jefes de las fuerzas policiales y las redes de seguridad.

Pero en medio de denuncias de corrupción y abusos de los derechos humanos contra miembros del ejército que luchaban contra el narcotráfico, el gobierno de Calderón empezó a confiar más y más en las Fuerzas Especiales de la marina para sus operaciones más importantes, dejando de lado al ejército. Entrenados por asesores estadounidenses en tácticas de contrainsurgencia, los equipos de la marina mexicana fueron responsables de uno de los éxitos más rotundos de la ofensiva del presidente Calderón: el cuasi desmantelamiento de la organización Beltrán-Leyva (BLO).

La OBL, con base en el estado de Sinaloa y operaciones en las costas del Caribe y el Pacífico de México, así como en el estado de Sonora y el centro de México, es una escisión de la organización de narcotraficantes de Sinaloa. La OBL se alió con sicarios de los Zetas contra la organización de Sinaloa y estaba dirigida por Arturo Beltrán Leyva, que fue abatido por comandos de la marina mexicana en una redada en Cuernavaca (al sur de Ciudad de México) el 16 de diciembre de 2009. En mayo de 2008, el gobierno de George W. Bush reconoció a la OBL como una importante organización de narcotraficantes, por lo que se le impusieron sanciones en virtud de la Ley de Designación de Cabecillas Extranjeros del Narcotráfico ("Ley de Cabecillas"). Según cables diplomáticos estadounidenses secretos publicados por WikiLeaks, Washington elogió a los marines mexicanos en su incipiente papel en la guerra antinarcóticos y admitió tener una estrecha relación con la armada.

"Nuestros lazos con los militares nunca han sido tan estrechos, no sólo en términos de transferencia de equipos y entrenamiento, sino también en el tipo de intercambios de inteligencia que son esenciales para hacer avances contra el crimen organizado", dijo John Feeley, jefe adjunto de la misión de la embajada de EE.UU. en Ciudad de México, en un cable fechado el 19 de enero de 2010. Otros cables secretos publicados por WikiLeaks no dejan lugar a dudas sobre la falta de confianza de Washington en el ejército mexicano. Uno de estos cables revela cómo el embajador de EE.UU. en México, Carlos Pascual, dijo que la información sobre el paradero de los principales líderes de Beltrán-Leyva fue proporcionada primero por la DEA al ejército mexicano, "cuya negativa a actuar con rapidez refleja una aversión al riesgo que le costó a la institución una importante victoria antinarcóticos".

Este cambio parece formar parte de una nueva estrategia que el presidente Barack Obama ha adoptado en el apoyo de Washington a la guerra de México contra las drogas. Se materializa en "Más allá de Mérida", una iniciativa lanzada en la primavera de 2010 y diseñada para mejorar la Iniciativa Mérida.

Además de centrarse estrictamente en debilitar a las organizaciones de narcotraficantes y dar recursos y formación para ello al gobierno mexicano, la nueva estrategia tiene un alcance más amplio, que incluye el refuerzo de la formación militar no militar, la aplicación de la ley civil, la inteligencia y el sistema de justicia penal en los esfuerzos por "construir una frontera del siglo XXI para asegurar a las comunidades al tiempo que se fomenta el comercio y el crecimiento económico; y construir comunidades resistentes a la participación del narcotráfico o el consumo de drogas".

Mientras tanto, la ofensiva lanzada por el presidente Calderón desbarató el negocio ilegal, que se fragmentó y respondió con un aumento de la violencia que alcanzó niveles muy altos principalmente en las ciudades fronterizas.

Entre diciembre de 2006 y septiembre de 2011, unas 47.500 personas murieron en actos de violencia relacionados con el narcotráfico. Además, en febrero de 2013, el gobierno anunció que se habían reportado 26,121 personas desaparecidas durante los seis años de la administración de Calderón. La revelación se produjo después de que informes periodísticos, citando información gubernamental filtrada, revelaran cifras sobre el número de personas que fueron "desaparecidas" durante el mandato de Calderón. Las cifras oscilaban entre poco más de 20.000 y casi 26.000 víctimas de desaparición. Desde entonces, el gobierno ha creado un equipo de investigación para buscar a las personas desaparecidas.

La fragmentación dio lugar a siete grupos de traficantes principales: Beltrán-Leyva, La Familia Michoacana, Golfo, Juárez, Sinaloa, Tijuana y Zetas. Mientras que las medidas represivas más recientes han afectado gravemente a las organizaciones Beltrán-Leyva y La Familia, la ofensiva gubernamental contra las organizaciones de narcotraficantes no ha logrado infligir heridas mortales a la banda de Sinaloa. La violencia, que solía ser un subproducto de las actividades de las bandas de narcotraficantes, también ha cambiado en los últimos años, coincidiendo con la pérdida de poder del PRI. Actualmente, se utiliza como herramienta: primero, entre los grupos que luchan por el control de los corredores de tráfico, los lugares de contrabando y los mercados nacionales; segundo, como sistema para saldar viejas cuentas: una forma de regular la convivencia entre estos grupos; y tercero, contra los encargados de hacer cumplir la ley y los críticos (periodistas y otros escritores).

Los métodos violentos suelen ser muy crueles y simbólicos, se llevan a cabo de forma espeluznante y se programan para que tengan el máximo efecto en la sociedad. La Familia afirma matar por razones morales sólo a quienes merecen morir. La organización, que propugna una extraña ideología que combina aspectos del cristianismo evangélico con el populismo revolucionario, ofrece el ejemplo más extremo del uso de la violencia para ampliar sus actividades delictivas a otros ámbitos, además del mero contrabando de drogas, gravando a las empresas de las zonas que controlan y realizando exhibiciones muy públicas de violencia para ablandar la resistencia.

Los mexicanos también han corrompido a funcionarios del lado norte de la frontera.

En abril de 2008, Margarita Crispin, antigua inspectora de fronteras en El Paso, fue condenada a 20 años de prisión por ayudar a introducir marihuana de contrabando en Estados Unidos. Desde entonces, decenas de funcionarios del Servicio de Aduanas y Protección de Fronteras de Estados Unidos han sido acusados de contrabando de drogas y de aceptar sobornos del tráfico mexicano.

Las amplias operaciones de los traficantes mexicanos en Estados Unidos quedaron claras en octubre de 2009, cuando una operación mexicano-estadounidense dirigida contra La Familia Michoacana dio lugar a capturas masivas a ambos lados de la frontera: en total, las autoridades han detenido a casi 1.200 presuntos miembros o socios de La Familia en los últimos meses en el marco del "Proyecto Coronado", el esfuerzo multiinstitucional de 44 meses para desmantelar la red de distribución de metanfetamina y cocaína de la organización en Estados Unidos.

La derrota del PAN en las elecciones presidenciales de 2012 trajo consigo informes sobre un posible cambio en la estrategia de Calderón para combatir a las organizaciones de narcotraficantes, que al final de su gobierno enfrentó duras y generalizadas críticas debido a los altos niveles de violencia que ayudó a desatar. El presidente electo Enrique Peña Nieto, del PRI, reveló en un artículo de opinión en *el New York Times* el 2 de julio de 2012, su plan para combatir el narcotráfico.

En lugar de una guerra total, anunció la creación de la Gendarmería Nacional, una nueva fuerza policial de 40.000 efectivos destinada a centrarse exclusivamente en las zonas rurales, así como la ampliación de la policía federal en "al menos 35.000 agentes". Peña Nieto también se comprometió a aumentar el gasto en seguridad nacional y en la lucha contra el crimen organizado, sin ofrecer un alto el fuego a los narcotraficantes, pero también prometiendo una revisión de las actuales políticas antidroga para mejorar su eficacia y eficiencia. "A los que temen un retorno a las viejas costumbres, no teman.... Rechazo las prácticas del pasado, del mismo modo que intento salir del estancamiento político del presente", escribió. "Seguiré luchando, pero la estrategia debe cambiar".

Sin embargo, menos de un año después, Peña Nieto envió tropas a Michoacán, el mismo estado donde Calderón desplegó por primera vez al ejército en su ofensiva contra el narcotráfico.

La historia de la industria de las drogas ilegales en México es un caso clásico de controles sociales que han salido mal. Ha estado estrechamente vinculada a las prohibiciones establecidas en Estados Unidos. Pero el PRI utilizó funcionalmente la corrupción y permitió el desarrollo de redes de apoyo a los narcotraficantes que cobijaron a las bandas desde su infancia con un total desprecio por la ley.

La violencia del narcotráfico en México no es nueva, pero la extrema crueldad y la expansión de las actividades han sido consecuencia de los reordenamientos de las organizaciones de narcotraficantes tras la caída del PRI y la captura de algunos de los principales cabecillas de los cárteles.

7

Delincuencia Organizada China

EL PARTIDO político que fundó Sun Yat-sen -el Kuomintang (KMT)- gobernó China entre 1912 y 1949 y, durante ese periodo, se creía que muchos funcionarios del KMT eran corruptos debido a sus estrechos vínculos con sociedades secretas que empezaron a dominar los negocios ilícitos del juego, la prostitución y las drogas, especialmente en las concesiones extranjeras de Shanghai. Durante ese periodo, algunos miembros de sociedades secretas se trasladaron a Hong Kong, colonia británica, y empezaron a establecer allí las sociedades de las tríadas movilizando a vendedores ambulantes y trabajadores de los sectores público y privado.

. . .

Tras la derrota del Kuomintang a manos del Partido Comunista Chino (PCCh) en 1949, los miembros de las sociedades secretas que servían en el ejército del Kuomintang siguieron al líder, Chiang Kai-shek, hasta Taiwán.

Estructura y cultura

Las sociedades de tríadas de Hong Kong son grandes organizaciones delictivas con miles de miembros; son lo contrario de una organización monolítica con una única estructura de liderazgo.

Más bien, la mayoría de las tríadas con base en Hong Kong están formadas por muchos subgrupos que funcionan más o menos como entidades independientes con su propio nombre, territorio, estructura de liderazgo y nichos en los mercados legítimos e ilegítimos. La violencia intragrupal es habitual. Estos subgrupos están estrechamente vinculados por uno o varios líderes influyentes que se consideran los líderes espirituales de la organización.

. . .

La estructura organizativa de las tríadas se ha flexibilizado y descentralizado. El sistema tradicional de rangos se ha reducido en gran medida a tres: Asta Roja, 49 y Linternas Azules. La ceremonia de iniciación se ha simplificado". El Asta Roja es un líder, los 49 son miembros ordinarios y los Linternas Azules son nuevos reclutas que aún no han sido iniciados. En el sistema tradicional, había un líder máximo y un jefe de grupo por encima del Polo Rojo, y un consejero y un oficial de enlace entre el Polo Rojo y los miembros ordinarios.

Una banda organizada típica de Taiwán tiene un cuartel general que supervisa las actividades de varias ramas. El cuartel general tiene un jefe, un jefe adjunto, un ejecutor y un guardaespaldas y confidente del jefe. Dentro de cada rama, hay un jefe de rama, un jefe de rama asociado, un ejecutor de rama, un confidente del jefe de rama y miembros ordinarios. Los grupos *jiaotou*, en cambio, tienen una estructura poco rígida. Dentro de un grupo *jiaotou* sólo hay dos roles: el gran jefe y los hermanos pequeños.

Las bandas mafiosas de China son relativamente pequeñas; la mayoría de ellas tienen entre 25 y 100 miembros. Estas bandas están dirigidas por un líder, que se apoya en varios miembros principales para cumplir sus órdenes. Como ya se ha mencionado, para ser considerada una banda mafiosa, la banda tiene que estar amparada o protegida por uno o varios funcionarios del gobierno; es habitual que muchas de estas bandas cuenten con agentes de policía como "paraguas protector" o con miembros del núcleo que actúan como ejecutores de sus bandas. En el llamado Caso del Hampa n° 1 de 1998, Liang Xiaoming, agente de policía y jefe criminal de la ciudad de Changchun, provincia de Jilin, fue detenido por asesinato, agresión, robo, extorsión, prostitución y juego.

El nexo político-criminal en China se da principalmente entre mafiosos y funcionarios públicos de nivel bajo y medio del sistema de justicia penal, es decir, agentes de policía, fiscales y jueces.

Los dirigentes políticos de alto nivel del poder ejecutivo y del aparato del partido rara vez actúan como paraguas protector de las figuras del hampa, salvo en el caso Liu Yong, en el que el alcalde y el teniente de alcalde de Shenyang, una importante ciudad del noreste de China, fueron condenados por aceptar sobornos de Liu Yong, un capo del hampa. Es más probable que los administradores de alto rango y los funcionarios del partido estén afiliados a empresarios aparentemente legítimos y sean corrompidos por ellos.

Las Tongs de Norteamérica también cuentan con miles de miembros. Por ejemplo, la On Leong tiene secciones en Boston, Filadelfia, Pittsburgh, Providence, Cleveland, San Luis, Detroit, Minneapolis, Washington, D.C., Baltimore, Miami, Houston, Nueva Orleans, Richmond y Atlanta. En Estados Unidos hay entre 30.000 y 40.000 miembros de On Leong. Sin embargo, a diferencia de las tríadas y las bandas organizadas, la mayoría de los miembros de los tong tienen un empleo remunerado o sus propios negocios y rara vez se dedican a actividades delictivas. Los tongs son también organizaciones comunitarias legítimamente registradas.

Sin embargo, un puñado de líderes tong que toman decisiones y controlan los asuntos cotidianos de los grupos tienen conexiones con bandas callejeras y pueden estar implicados en actividades ilegales.

La mayoría de las sedes de los tong tienen un presidente, un vicepresidente, un secretario, un tesorero, un auditor y varios ancianos y administradores de relaciones públicas. Los líderes tong asociados a sus respectivas bandas callejeras son llamados *ah kung* (abuelo) o *shuk foo* (tío) por las bandas.

La mayoría de las bandas callejeras afiliadas a tong en Estados Unidos tendrán uno o dos líderes principales cercanos a ciertos oficiales o miembros de la tong afiliada.

Estos líderes principales controlan las distintas facciones de la banda. Cada facción tiene un hermano mayor y uno o más líderes de camarilla a nivel de calle que se conocen como segundo o tercer hermano. Cada líder de nivel callejero está a cargo de varios *majais* (caballitos) o miembros ordinarios.

Las tríadas, las bandas organizadas, las bandas de tipo mafioso, las pandillas y las bandas callejeras no están integradas ni vertical ni horizontalmente y, por lo tanto, sería un error suponer que estos grupos participan habitualmente en conspiraciones delictivas coordinadas a escala mundial.

. . .

Sin embargo, a pesar de la falta de integración estructural, los miembros de estos grupos se conocen, consultan e incluso cooperan esporádicamente entre sí para llevar a cabo determinadas actividades legales e ilegales.

Pueden comunicarse fácilmente entre ellos porque todos comparten normas y valores subculturales. Entre los chinos, los miembros de esta subcultura reciben el nombre de Elementos de la Sociedad Oscura, y el turbio mundo en el que habitan se denomina Sociedad Oscura o *jianghu* (literalmente, "ríos y lagos"). Los cabezas de serpiente, los narcotraficantes y los operadores de locales de sexo no se consideran, en general, parte de esta subcultura.

Actividades

Los grupos chinos de delincuencia organizada de todo el mundo están implicados en diversas actividades delictivas, especialmente la extorsión, el juego, la usura, el cobro de deudas y la prostitución. También tienen fama de violentos y, de hecho, suelen participar en actividades violentas. Casi todos los grupos se dedican a la extorsión (o protección) y al juego. Ocasionalmente, los miembros de estos grupos también están implicados en el tráfico de drogas, pero no son actores clave del mismo y participan en esta actividad como individuos y no como representantes de sus grupos. Es importante señalar que muchos empresarios oportunistas y emprendedores agrupados en redes poco estructuradas están implicados en el tráfico de drogas y no son miembros de ninguno de los grupos mencionados.

Las sociedades de tríadas de Hong Kong se dedican a diversas actividades, como drogas, comercio callejero de VCD/DVD piratas, actividades especulativas en el mercado de valores, blanqueo de dinero, robo y contrabando de vehículos, prostitución, extorsión, usura, juego ilegal, etc., pero sus miembros no están obligados a obtener permiso de su organización para llevar a cabo estos negocios.

Como la mayoría de los grupos delictivos organizados del mundo, los de Taiwán suelen dedicarse a extorsionar a los empresarios o a ofrecerles protección a cambio de un precio. En Taiwán existe una fuerte demanda de juego y prostitución, pero es ilegal regentar establecimientos de juego o prostitución. Por ello, es habitual que las bandas organizadas y los grupos *jiaotou* exploten estos negocios ellos mismos o sean contratados por estos establecimientos. En Taiwán, existe un sistema bancario clandestino bien establecido en el que tanto la gente corriente como los empresarios desesperados pueden pedir dinero prestado cuando no pueden obtener un préstamo de los bancos legítimos.

Cuando estos banqueros clandestinos tienen dificultades para recaudar el dinero de sus clientes, pueden recurrir a gángsters en busca de ayuda. En consecuencia, las figuras del crimen organizado suelen participar en el cobro de deudas. Las disputas financieras rara vez se resuelven en los tribunales porque el proceso es largo y costoso y la gente tiene poca fe en el sistema. En consecuencia, han surgido medios informales para satisfacer las necesidades de un entorno financiero que requiere un procedimiento de resolución de conflictos.

Poderosas figuras del crimen actúan a menudo como árbitros en diversas disputas comerciales. Se cree que un cabecilla de la banda de los Cuatro Mares fue asesinado porque se vio envuelto en una importante disputa financiera y manejó mal la situación. De ello se deduce que la violencia forma parte integrante de todas estas actividades lucrativas.

. . .

Además, los miembros de bandas organizadas y grupos *jiaotou* son muy activos en política y desempeñan un papel clave en todas las elecciones locales y nacionales. Muchos de ellos se presentan a cargos públicos y se convierten en legisladores, representantes o funcionarios electos. Por ejemplo, un líder de la Alianza Celestial fue legislador durante muchos años. Los líderes de las bandas del sur de Taiwán fueron elegidos alcaldes de condado o presidentes de consejos locales. En un momento dado, el ministro de Justicia señaló que un tercio de los concejales de ciudades y condados de Taiwán eran mafiosos.

En China, las bandas mafiosas se dedican principalmente al robo, la extorsión, el juego, la prostitución y la usura. Estas bandas también se dedican a asaltar, secuestrar y asesinar para conseguir sus objetivos. También se dedican a la distribución de las llamadas drogas emergentes (ketamina en polvo, éxtasis, anfetamina), pero no de heroína porque no quieren enemistarse con las autoridades que las protegen.

Al igual que los grupos de delincuencia organizada de otros lugares, las bandas mafiosas de China también son cada vez más activas en los sectores comerciales legales, y la venta al por mayor, el sector inmobiliario y el transporte son algunos de sus negocios favoritos. Por ejemplo, Li Qiang, uno de los jefes mafiosos detenidos en una reciente operación contra el crimen organizado en Chongqing, era supuestamente una figura clave en la industria local del transporte. Una vez más, al igual que el crimen organizado en Taiwán, las bandas mafiosas chinas están haciendo un esfuerzo concertado para entrar en política presentándose a las elecciones locales. Li, el gángster antes mencionado, era representante del congreso popular de la ciudad antes de su detención, y Liu Yong, padrino de Shenyang, era también representante de la ciudad antes de ser condenado a muerte.

Los tongs como grupo se dedican principalmente al juego, aunque también solían dedicarse al negocio del opio y del sexo. Algunos miembros de los tong también se dedican al tráfico de heroína o al contrabando de personas, pero son sus negocios individuales y no están sancionados por sus organizaciones. Por ejemplo, la hermana Ping, figura clave en el contrabando de ciudadanos chinos a Estados Unidos, era miembro principal de la Asociación del Distrito de Fukien, pero su negocio de contrabando no estaba relacionado con su asociación. Aunque los tongs no son muy activos en actividades delictivas, su estrecha afiliación a bandas callejeras violentas suele ponerlos en el punto de mira de las autoridades policiales.

La extorsión a propietarios de negocios es el pan de cada día de las bandas callejeras chinas. Un agente de policía de Nueva York reveló que un líder de los Flying Dragons recibía 3.400 dólares semanales de una casa de juego de Chinatown. A mediados de la década de 1970, otro cabecilla declaró a un periodista que su banda obtenía 10.000 dólares semanales de la extorsión. Las bandas también protegen los establecimientos de juego y sexo de sus territorios, transportan extranjeros ilegales y cobran comisiones a los contrabandistas, y se dedican al robo con allanamiento de morada. Por ejemplo, según la documentación judicial de un caso de asesinato en el que estaba implicada la banda Fuk Ching, Ah Chu, un traficante de personas, pagó a un miembro de Fuk Ching 500 dólares por cabeza para que recogiera a cinco inmigrantes chinos ilegales cerca de la frontera con México. Estas bandas también suelen estar implicadas en graves actos de violencia dentro de ellas o entre ellas. Por ejemplo, en la masacre del Golden Dragon, cinco personas murieron y once resultaron heridas cuando tres miembros de la banda abrieron fuego contra clientes que se creía que eran miembros de bandas rivales en el interior del restaurante Golden Dragon, en el barrio chino de San Francisco. Algunos líderes de bandas y un pequeño grupo de seguidores pueden trabajar con determinados propietarios de negocios para transportar cientos de kilogramos de heroína desde el sudeste asiático a Estados Unidos.

Las redes, por su parte, tienen más probabilidades de dedicarse a actividades delictivas transnacionales como la trata de seres humanos, el tráfico sexual o el narcotráfico.

También es más probable que estas redes se especialicen en un tipo de delincuencia transnacional, por lo que hay poco solapamiento entre estas redes y sus actividades. Es relativamente improbable que una organización dedicada al tráfico de seres humanos esté implicada en el tráfico de drogas o que un grupo dedicado a la fabricación de drogas participe en la trata de mujeres para el comercio sexual.

Las tríadas de Hong Kong y las bandas organizadas de Taiwán están muy próximas entre sí en general, y ambos grupos están vagamente asociados con bandas mafiosas de China. Sin embargo, no es cierto que estos tres grupos trabajen juntos para cometer delitos con regularidad. Aunque las autoridades chinas suelen culpar a las tríadas con base en Hong Kong y a las bandas organizadas con base en Taiwán de ayudar a transformar las bandas locales en bandas de tipo mafioso, no existen pruebas que respalden la afirmación de que los grupos de delincuencia organizada de ultramar desempeñan un papel en el desarrollo de los grupos locales en China.

En general, la relación entre los grupos delictivos organizados chinos y los grupos delictivos organizados de otros orígenes étnicos es débil o casi inexistente.

Sin embargo, los traficantes de seres humanos chinos recurren regularmente a otros grupos étnicos en los países de tránsito y destino para trasladar su carga humana, y los productores y traficantes de drogas chinos suelen trabajar con otros grupos étnicos para transportar o comercializar sus mercancías. Por ejemplo, cuando los traficantes de personas chinos trasladan su carga humana a Estados Unidos a través de México, a menudo buscan la ayuda de traficantes mexicanos.

Los Grupos y Organizaciones Críminales más Peligrosos

. . .

La mayoría de los grupos delictivos organizados chinos están profundamente arraigados en sus respectivas sociedades y suelen mantener sólidas relaciones con diversas instituciones civiles y estatales.

Algunos de los líderes de estos grupos son conocidos hombres de negocios, o políticos, o ambas cosas, y, aunque la policía y otros políticos y empresarios son conscientes de sus antecedentes en el crimen organizado, los tratan con respeto y están deseosos de asociarse con ellos para obtener sobornos, votos, protección o ayuda para resolver problemas personales. Por ejemplo, antes de su muerte en 2007, Chen Chi-li, el líder de la banda United Bamboo, era una de las figuras más influyentes de Taiwán.

La existencia y las actividades de los grupos chinos de delincuencia organizada son motivo de gran preocupación para las autoridades policiales de muchos países o regiones. En Hong Kong, la Oficina contra la Delincuencia Organizada y las Tríadas (OCTB) de la Policía de Hong Kong es el principal organismo encargado de investigar las actividades de las tríadas, mientras que la

Comisión Independiente contra la Corrupción (ICAC) es responsable de prevenir la infiltración de las tríadas en los sectores gubernamentales. Aunque las autoridades de Hong Kong no han podido eliminar las tríadas, han impedido su expansión y han minimizado el daño de las tríadas a la sociedad persiguiendo la fuente de ingresos delictivos de las tríadas y enviando agentes encubiertos para penetrar en distintas sociedades de tríadas.

En Taiwán, la División de Investigación Criminal (CID) de la Administración Nacional de Policía (NPA) y la Oficina de Investigación del Ministerio de Justicia (MJIB) son los dos organismos más activos en la lucha contra las bandas organizadas y los grupos *jiaotou*. En los últimos 25 años, el gobierno de Taiwán ha llevado a cabo tres grandes redadas contra las bandas y, como resultado, muchos de sus líderes influyentes viven ahora en China y en algunos países del sudeste asiático, en lugar de en Taiwán. Más recientemente, debido a estas medidas enérgicas y a las detenciones masivas, muchos líderes de bandas y *jiaotou* han empezado a presentarse a cargos públicos y se han convertido en políticos (o se han transformado en empresarios de éxito) como forma de protegerse de las autoridades.

. . .

En respuesta al aumento de los índices de delincuencia tras la adopción por China de la política de puertas abiertas a finales de la década de 1970, las autoridades lanzaron en agosto de 1983 la llamada campaña *yanda* (golpe duro), que duró hasta enero de 1987. Durante los tres años que duró la campaña, se desmantelaron 197.000 grupos delictivos. El gobierno llevó a cabo una campaña similar en 1996, tras comprobar que los índices de delincuencia en la década de 1990 eran ocho veces superiores a los de la década de 1980.

A diferencia de la amplia campaña de mano dura de 1983, la operación de 1996 se centró específicamente en los grupos de delincuencia violenta y las bandas mafiosas.

Durante la campaña de 1996 se detuvo a más de 900 bandas mafiosas y a 5.000 miembros. De nuevo, entre 1998 y 2003, las autoridades desmantelaron muchas poderosas bandas mafiosas en toda China y condenaron a muerte a sus líderes. En 2009, las autoridades de Chongqing, municipio de ámbito provincial con más de 30 millones de habitantes, emprendieron una gran ofensiva contra la delincuencia organizada en su jurisdicción. Se detuvo a cientos de líderes, miembros de bandas y funcionarios pertenecientes a nueve bandas, y muchos de ellos fueron condenados a muerte.

En Estados Unidos, organismos federales como la Oficina Federal de Investigación (FBI), el Departamento de Seguridad Nacional (DHS), la Administración para el Control de Drogas (DEA) y la Oficina de Alcohol, Tabaco, Armas de Fuego y Explosivos (ATF), junto con la policía estatal o los departamentos de policía locales, participan en la investigación de grupos y redes de delincuencia organizada chinos. Aunque en la década de 1980 se dictaron varias condenas importantes contra bandas y bandas callejeras chinas, la lucha contra la delincuencia organizada china en Estados Unidos se intensificó considerablemente tras la llegada del *Golden Venture* (un barco de contrabando) a Nueva York en 1993 con casi 300 inmigrantes chinos ilegales a bordo. A raíz de ello, casi todas las principales bandas y bandas chinas de Estados Unidos fueron acusadas conjuntamente como empresas de crimen organizado en virtud de la Ley RICO (Racketeer-Influenced and Corrupt Organization Act).

8

La Yakuza Japonesa

LA YAKUZA moderna tiene dos antecedentes distintos: los jugadores (*bakuto*) y los vendedores ambulantes (*tekiya*).

Aunque estos oficios siguen formando parte de la cartera de intereses de la yakuza contemporánea, ahora tienen una importancia económica marginal. Estas tradiciones siguen conformando la identidad cultural yakuza. Las tradiciones caballerescas de la yakuza (*ninkyō*) derivan de un vínculo mitificado con *las machi-yakko*. Eran bandas de justicieros urbanos que se formaron en el Japón del siglo XVII para proteger sus barrios de los samuráis renegados. Héroes populares como Banzuiin Chōbei (1622-1657) se ganaron la reputación de "proteger a los débiles y aplastar a los fuertes". Esta sigue siendo una justificación para la existencia de la yakuza en la actualidad.

A medida que el poder del Estado disminuía en la primera mitad del siglo XIX, las bandas de jugadores florecían.

Algunas se convirtieron en organizaciones poderosas y bien armadas con reputación de benefactoras de la comunidad.

Los jefes prominentes también desempeñaron un papel como mediadores en disputas locales. Algunos desempeñaron un papel militar durante la revolución Meiji (1868). Shimizu no Jirōchō, un jefe prominente, dirigió a 480 jugadores armados y aseguró carreteras y ciudades locales. Paramilitares yakuza similares operaban en el norte de Japón.

Sin embargo, una vez establecido un control efectivo, el estado Meiji reprimió a la yakuza con medidas contra el juego. Algunos jugadores respondieron apoyando movimientos antigubernamentales. Con la introducción de una democracia representativa limitada, la yakuza desempeñó un papel como suministradora de violencia política.

Durante el período turbulento que siguió a la Revolución Rusa, figuras del gobierno crearon una alianza nacional de yakuza de 200.000 miembros para actuar como arma contra la agitación laboral. Este conjunto díscolo e incontrolable no cumplió las expectativas de sus creadores.

Tras la represión de la década de 1930 y durante los años de la Segunda Guerra Mundial, la yakuza prosperó inmediatamente después de la contienda. La grave escasez de recursos y el colapso de la capacidad estatal crearon las condiciones ideales para los mercados negros. Las bandas de la yakuza se hicieron rápidamente con el control de estos mercados.

Tal era la impotencia de la policía en esa época que, en 1946, los jefes de *la tekiya* obtuvieron oficialmente la jurisdicción sobre los mercados de Tokio.

. . .

La guerra de Corea y la consiguiente demanda de material militar impulsaron la recuperación económica de Japón. Siguieron los auges de la construcción y el transporte marítimo, que brindaron nuevas oportunidades a los gánsteres.

Los grupos de la Yakuza, que operaban como intermediarios laborales, controlaban el suministro de jornaleros a ambos sectores. El crecimiento económico reactivó el sector de la hostelería.

Bares, restaurantes, servicios sexuales, pinball (pachinko) y agencias de talentos del mundo del espectáculo tenían estrechos vínculos con la yakuza. Estas condiciones condujeron a un rápido crecimiento del número de miembros de la yakuza hasta superar los 184.000 en 1963.

También fomentaron los conflictos entre bandas, ya que los grupos luchaban por el control de los distritos de ocio.

. . .

A mediados de la década de 1960, la policía persiguió sistemáticamente a los líderes de la yakuza. Los cambios legales facilitaron el procesamiento de los jefes del juego.

Esta acción fue parcialmente efectiva; el número de miembros de las bandas disminuyó y algunos grandes sindicatos se disolvieron. Sin embargo, los grupos con diversas fuentes de ingresos sobrevivieron, mientras que los jugadores tradicionales sufrieron.

Cuando los jefes salieron de prisión, reestructuraron sus bandas para aislar a la élite de la persecución judicial. Las bandas también se diversificaron hacia delitos poco vigilados, como la extorsión a empresas, los viajes para apostar en paraísos fiscales, los falsos movimientos políticos y sociales, y las finanzas y el tráfico de drogas (anfetaminas). Los sindicatos más innovadores, el Yamaguchi-gumi, el Inagawa-kai y el Sumiyoshi-kai, se convirtieron rápidamente en organizaciones nacionales.

El Yamaguchi-gumi, con sede en el oeste de Japón, fue el más agresivo en este sentido.

. . .

Ni siquiera una guerra de sucesión a escala nacional tras la muerte de Taoka Kazuo, su tercer jefe, a principios de la década de 1980, pudo detener su aparentemente inevitable avance hacia el monopolio efectivo del crimen organizado japonés a finales del siglo XX.

¿Qué tipo de personas se convierten en yakuza? Una idea muy extendida es que los yakuza proceden mayoritariamente de tres grupos: las bandas de moteros juveniles (*bosōzoku*), los descendientes de parias (*burakumin*) y los coreanos residentes en Japón.

No se dispone de datos fehacientes para comprobarlo. La cuestión de *los burakumin* es delicada y la policía no recopila oficialmente estadísticas relevantes (entre otras cosas, por miedo a incitar reclamaciones por discriminación). Las estimaciones varían, pero existe un amplio consenso en que estos tres grupos están desproporcionadamente representados en las filas de la yakuza.

Durante el trabajo de campo me he encontrado con yakuzas de orígenes tan diversos como luchador, agente de policía, boxeador, usurero, cobrador de deudas, empresario legal, trabajador de pachinko y licenciado universitario. Los yakuza prometedores buscan constantemente talentos potenciales; es una forma de reforzar su propia posición.

Los jefes de bandas de éxito suelen ser personas carismáticas capaces de atraer seguidores. Entre los candidatos idóneos se encuentran aquellos que demuestran dureza plantando cara a los yakuza y hombres con negocios ilegales de éxito. Algunos se unen para que los yakuza dejen de molestarles: a otros simplemente les gusta luchar.

Antes de la iniciación formal se requiere un periodo de entrenamiento. Los aprendices suelen vivir en la oficina de la banda, donde realizan tareas domésticas de poca importancia, hacen recados y aprenden la etiqueta y el comportamiento correctos de la yakuza. Al igual que en otros oficios tradicionales japoneses, se espera que aprendan por observación y no por instrucción explícita. Los errores se castigan físicamente. El periodo de formación solía durar hasta tres años, pero en general se ha reducido (en algunos casos a seis meses). Esto genera inevitablemente quejas de los yakuza más veteranos por el descenso del nivel.

· · ·

Cultura Yakuza

Hasta hace poco, los yakuza apenas se esforzaban por ocultar su identidad. Las ventajas se acumulan al exhibir marcadores fiables de pertenencia a la banda; si se puede demostrar convincentemente la condición de gángster sin recurrir a costosas muestras de violencia cada vez que se conoce a alguien nuevo, el negocio es mucho más fácil.

La yakuza ha desarrollado una serie de imágenes de marca colectiva que facilitan la identificación: *jingi*, *irezumi* y *yubetsume*.

Jingi se refiere a los saludos tradicionales que los yakuza daban cuando se encontraban con otros yakuza por primera vez. Consistía en una descripción formal muy estilizada de su linaje en la banda, realizada en cuclillas. En la década de 1970, esta práctica se estaba extinguiendo; ahora, los miembros de las bandas se identifican con tarjetas de identificación y un pin en la solapa con el escudo de la banda. Para los no yakuza es más fácil falsificarlos, pero los impostores que pretenden aprovecharse de la reputación establecida de los yakuza se arriesgan a graves repercusiones si son descubiertos.

No todos los yakuza tienen tatuajes (*irezumi*), pero son comunes. Una investigación policial realizada en la década de 1970 demostró que el 70% de todos los yakuza tenían tatuajes. Los tatuajes de cuerpo entero de los yakuza son costosos de adquirir. El proceso no sólo es doloroso, largo y caro, sino que también es muy perjudicial para la salud; al destruir las glándulas sudoríparas, el cuerpo es menos capaz de deshacerse de las toxinas. Según un veterano jubilado del Yamaguchi-gumi, este hecho, combinado con un consumo excesivo de alcohol, hace que las enfermedades hepáticas sean la causa de aproximadamente un tercio de todas las muertes de yakuzas.

Aunque exhibir la condición de yakuza ahora conlleva mayores costes, entre los jóvenes reclutas de la yakuza sigue existiendo la percepción de que los tatuajes molan.

Aunque la amputación de dedos (*yubitsume*) se realiza generalmente como castigo, disculpa o demostración de compromiso, la ausencia de una o más puntas de los dedos es una marca reconocible de la yakuza. Los datos policiales de mediados de la década de 1990 sugerían que a un tercio de todos los yakuza les faltaba al menos la punta de un dedo. *El yubitsume* es más común en el oeste de Japón que en el área de Tokio y está disminuyendo en general a medida que los jefes imponen cada vez más multas en su lugar.

Otros indicios de la condición de yakuza, como la vestimenta, la forma de hablar, el estilo de caminar (cortando el aire con los hombros) y los peinados, son semióticamente significativos. Para obtener una imagen más completa de la autopresentación y las normas sociales de la yakuza, resulta informativo ver películas de gángsters japoneses. Es una forma de que los propios gángsters aprendan cómo se espera que sean.

Muchas películas de yakuzas exploran la resistencia, la lealtad y el conflicto entre la obligación y la emoción en que los héroes son hombres de honor tradicional en conflicto con un Japón moderno y ligeramente extranjero.

. . .

Las películas producidas por el estudio Tōei protagonizadas por Takakura Ken y Tsurata Kōji son clásicos de este género. *Jingi Naki Tatakai*, basada en las experiencias de un jefe de Hiroshima en la posguerra, ofrece un relato más descarnado de la vida de la yakuza. Kitano Takeshi retrata un mundo yakuza contemporáneo más estilizado.

Los yakuzas deben asistir a numerosas ceremonias. Bodas, funerales, inauguraciones de oficinas, ceremonias de sucesión, ritos de iniciación y celebraciones de excarcelación son importantes.

Aunque suponen un gasto considerable de tiempo y dinero, estos actos sirven para demostrar la cohesión de las bandas, su prestigio, su poder y la importancia de las redes y la jerarquía; se espera que los participantes vistan ropa cara y lleguen en coches adecuados con el séquito apropiado.

También se exigen regalos en metálico. Recientemente, algunos eventos se han hecho menos públicos, ya que la policía ha presionado a los salones para que rechacen la costumbre yakuza; los propios yakuza han adoptado un perfil más bajo.

Estas ceremonias concluyen inevitablemente con sesiones de bebida. El alcohol desempeña un papel importante en la vida de los yakuza.

Aunque los yakuza son, sin duda, hedonistas, ésta no es la única explicación; los yakuza de éxito deben mantener amplias redes sociales y garantizar excelentes canales de información, y el alcohol lo facilita.

Negocios de la Yakuza

Las fuentes de ingresos de la yakuza, conocidas como *shinogi*, van desde actividades inequívocamente ilegales hasta el capital riesgo. Son muy sensibles a las condiciones legales y del mercado; podría decirse que la yakuza es el rasgo más dinámico y flexible de la economía japonesa.

En 1989, la policía publicó unas estimaciones de los ingresos totales de la yakuza de 1,3 billones de yenes (11.800 millones de dólares). Se trataba de una subestimación, ya que excluía las sumas derivadas de los vínculos de la yakuza con las grandes empresas, que se consideraban demasiado sensibles desde el punto de vista político como para mencionarlas.

Los intentos de agrupar los flujos de ingresos de la yakuza en una sola cifra son problemáticos. Es más fácil analizar la implicación de la yakuza en industrias concretas.

El juego, el negocio tradicional de los bakuto, tiene ahora una importancia económica marginal para la yakuza.

Un análisis de la economía sumergida estima que, en 2000, el juego y las apuestas representaban el 7% de los ingresos ilegales de la yakuza, frente al 21% de 1989. Las infracciones relacionadas con el juego representaron el 3,5% de todas las detenciones de yakuzas en 2009. El juego se divide en tres grandes categorías: organización de juegos de cartas y dados (incluidos los viajes al extranjero para apostar), elaboración de apuestas sobre carreras y otros eventos deportivos, y pachinko (pinball electrónico).

. . .

El juego ilegal abarca desde pequeñas apuestas en los barrios de jornaleros de Tokio y Osaka hasta lujosos casinos clandestinos que ofrecen ruleta y bacará. En Nagoya, se identificaron recientemente 27 casinos gestionados por Yamaguchi-gumi, cada uno de los cuales obtenía al menos 100 millones de yenes (900.000 dólares) al mes. A principios de la década de 2000, aparecieron unas 300 cabinas de casino en línea que ofrecían baccarat, blackjack y ruleta en streaming.

Éstas rendían 300.000 yenes (2.700 dólares) al mes por tienda para los grupos yakuza que las protegían antes de ser clausuradas por la policía.

El gobierno explota el monopolio de las apuestas legales en carreras de bicicletas, caballos y barcos. La yakuza socava al Estado con operaciones paralelas de apuestas.

La yakuza también lleva las apuestas de béisbol, fútbol, artes marciales mixtas y sumo (que tiene vínculos tradicionales con la yakuza).

. . .

La inmensa industria japonesa del pachinko factura anualmente unos 30 billones de yenes (270.000 millones de dólares). Para no infringir las leyes del juego, los jugadores de pachinko ganan premios simbólicos que luego pueden canjear por dinero en metálico en establecimientos independientes. Después, los premios son recomprados indirectamente por el salón de pachinko. Tradicionalmente, el negocio del intercambio lo dirigía la yakuza. A principios de la década de 1990, la policía calculó que el negocio del intercambio suponía 60.000 millones de yenes (480 millones de dólares) al año para las bandas de Tokio.

En las últimas décadas, la policía ha expulsado a la yakuza del negocio del intercambio creando organismos de bienestar público para gestionarlo. A pesar de la regulación policial, algunos salones de pachinko siguen pagando por la protección de la yakuza.

En Japón, el consumo de drogas ilegales está relacionado principalmente con la metanfetamina: el 77% de las detenciones relacionadas con drogas en 2008 fueron por metanfetamina. El cannabis, que se ha hecho más popular en la última década, representó la mayor parte del resto, con un 19%.

Los grandes sindicatos de la yakuza evitan oficialmente las drogas. Sin embargo, las estadísticas de detenciones sugieren lo contrario: de las 26.503 detenciones de yakuza (incluidos miembros asociados) en 2009, 6.153 (23%) fueron por violación de la ley de control de anfetaminas (lo que representa aproximadamente la mitad de todas las detenciones por anfetaminas). A finales de la década de 1980, la policía calculaba que alrededor del 85% de todas las bandas yakuza estaban implicadas en el tráfico, incluidas 300 a nivel mayorista. La investigación de Tamura demuestra que, aunque los grupos yakuza dominaban el comercio al por mayor, entre los traficantes callejeros la proporción de yakuza y no yakuza era igual. El origen de la anfetamina ha pasado de Corea del Sur a Taiwán y a Corea del Norte.

China parece ser ahora el país de origen predominante, aunque hay pruebas sólidas que sugieren que la droga sigue siendo producida por Corea del Norte y luego enviada a través de China para evitar la censura internacional.

Protección

· · ·

Muchas actividades de la yakuza pueden analizarse más útilmente como una especie de protección.

La protección y los arreglos extrajudiciales, disponibles tanto para los negocios legítimos como para los del hampa, no son necesariamente una extorsión impuesta a víctimas involuntarias; en muchos casos, es un bien que los individuos desean genuinamente. Sin embargo, esto no lo convierte en algo "bueno"; a menudo, los vínculos con la yakuza permiten a los protegidos comportarse de formas socialmente indeseables.

El negocio de *la tekiya* de los tenderos es un caso de protección interiorizada. Aunque la *tekiya* se ha purgado de muchos festivales tradicionales japoneses, este proceso no ha concluido.

Otros vendedores ambulantes, como los puestos de comida rápida y los vendedores ambulantes de joyas israelíes, son consumidores de la protección de *la tekiya*.

Otro antiguo pilar de la protección de la yakuza es el sector de la hostelería (*mizushōbai*), que abarca desde restaurantes, clubes nocturnos, bares de alterne y locales de aperitivos hasta establecimientos de servicios sexuales. *El mizushōbai* tiene vínculos tradicionales con la yakuza; muchas esposas y novias trabajan en los bares o son sus propietarias. En las décadas de 1980 y 1990, aproximadamente dos tercios de los bares, clubes y restaurantes pagaban por la protección; los costes variaban desde unas pocas decenas de miles hasta un millón de yenes al mes.

La protección de la yakuza puede ser útil para resolver disputas con clientes borrachos y revoltosos con más eficacia que la policía; al protector no le interesa que los clientes se asusten.

La protección de la Yakuza también opera en la industria del sexo. La ley japonesa de prevención de la prostitución sólo se aplica a las relaciones sexuales. En consecuencia, existe una gran industria que ofrece legalmente otros servicios sexuales que complementa el mercado ilegal del sexo. Las bandas importan trabajadoras del sexo extranjeras (a veces engañándolas para que trabajen en régimen de servidumbre) y ayudan a controlarlas después. La yakuza puede, por ejemplo, impedir que una chica popular sea cazada furtivamente por un negocio rival. La policía ejerce un considerable control administrativo sobre las industrias mizushōbai. La propiedad directa de los yakuza es, por tanto, difícil para los locales con licencia.

La construcción es otro sector con estrechos vínculos con la yakuza. Tradicionalmente, la yakuza controlaba el negocio *de los tehaishi, que* suministraban jornaleros a las pequeñas empresas de la construcción en el eslabón más bajo de la cadena de subcontratación; de este modo, ejercían un dominio absoluto sobre los proyectos.

Aunque algunos yakuza han sido propietarios de empresas de construcción, conseguir una licencia como contratista general les resulta cada vez más difícil. La tasa de protección estándar en los proyectos de construcción es del 3%. La protección de la yakuza no sólo previene su depredación, sino que también puede ayudar a disuadir a los competidores desprotegidos de presentarse a licitaciones de proyectos o a vigilar la colusión entre empresas para manipular licitaciones. Es difícil erradicar a la yakuza de la construcción; este negocio también es fundamental en la política maquinista japonesa.

. . .

La construcción genera escombros, y la yakuza puede facilitar su eliminación barata junto con otras formas de residuos industriales. Además, la yakuza desincentiva la denuncia de estos delitos medioambientales. El uso de la yakuza para combatir las protestas de las víctimas del envenenamiento por mercurio en Minamata en la década de 1960 es un ejemplo bien conocido.

El caso de Minamata es significativo porque las protestas se llevaron a cabo en las juntas generales anuales de la empresa contaminante y demostraron lo delicados que eran estos actos. Esto llevó al crecimiento de un nicho de estafa llevado a cabo por especialistas en juntas generales (*sōkaiya*).

Esencialmente, este negocio tiene dos vertientes: Los *sōkaiya* depredadores extorsionan a las empresas amenazándolas con interrumpir las juntas generales con información vergonzosa sobre malas prácticas empresariales, incompetencia o indiscreciones personales de altos ejecutivos, mientras que *los sōkaiya* protectores neutralizan a los posibles extorsionadores. Este negocio careció inicialmente de la participación de la yakuza pero, una vez que las empresas empezaron a contratar protección, los *sōkaiya* tuvieron que seguir su ejemplo.

El número de *sōkaiya* aumentó a lo largo de la década de 1970. A principios de la década de 1980, la policía había identificado a más de 6.000 *sōkaiya* profesionales, y el 30% de ellos eran yakuza.

En respuesta, en 1982 se revisó el código de sociedades, estableciendo un umbral mínimo por debajo del cual no se permitía la asistencia a las juntas generales de las empresas.

Además, se ilegalizó que las empresas dieran dinero a *los sōkaiya*.

Aunque aparentemente esto condujo a una reducción del número de *sōkaiya*, fue en gran medida cosmética; *los sōkaiya* de bajo nivel se transformaron en analistas, falsos grupos políticos o movimientos *de liberación* burakumin. Los pagos se disfrazaban como suscripciones a boletines informativos o alquiler de obras de arte.

La existencia de *sōkaiya* parece extraña; seguramente los accionistas tienen derecho a pedir cuentas a los gestores de su empresa. El entorno institucional japonés difiere del de Estados Unidos o Europa. La lógica es la siguiente: La información es menos libre en Japón; los que la tienen son menos capaces de explotarla poniéndose en corto en el mercado o lanzando de forma rentable una demanda colectiva; las víctimas de la perturbación de la JGA ven caer el precio de sus acciones; por lo tanto, es rentable seguir pagando la *sōkaiya*.

West demuestra cómo los factores institucionales desempeñan un papel significativo en la creación de oportunidades para la yakuza. La falta de mecanismos legales eficientes para la resolución de conflictos crea la demanda de un "lado oscuro del orden privado". En concreto, los lentos y costosos litigios civiles y la reticencia de la policía a intervenir en asuntos civiles han fomentado una cultura en la que la resolución de conflictos por parte de la yakuza se acepta como un mal necesario. Esto ha engendrado una categoría de protección de la yakuza conocida como intervención violenta en asuntos civiles (*minji kainyū bōryoku* o *minbō*).

El cobro de deudas es un ejemplo. Incluso cuando la deuda es legal (no se debe a un usurero), la maquinaria para cobrarla a través de los tribunales es tan engorrosa que muchos consideran preferible recurrir a la yakuza a pesar de las elevadas comisiones.

Otro tipo de arreglo extrajudicial es la gestión de quiebras. Los especialistas de la yakuza compran a los principales acreedores de una empresa en quiebra con un importante descuento. Los tribunales pueden tardar muchos años en resolver una quiebra y pagar a los acreedores; puede resultar rentable vender a la yakuza, sobre todo si se sabe que ya están implicados.

Minbō aumentó a lo largo de la década de 1980. En algunos casos, la yakuza operaba en nombre de otros; en otros, la yakuza maquinaba activamente disputas civiles como pretexto para obtener compensaciones. El *Minbō* afecta negativamente a la gente corriente en formas que la yakuza, supuestamente, había evitado tradicionalmente pero, con frecuencia, no se infringía ninguna ley. Dado que las marcas de los yakuza son fácilmente identificables, cuando un yakuza se queja de los daños que ha sufrido y exige una compensación, implícitamente se ha proferido una amenaza. Hasta que la amenaza no se articula explícitamente, o se producen daños reales, no se ha cometido ningún delito.

Durante la década de 1980, Japón vivió una burbuja especulativa inmobiliaria y bursátil que duró una década.

Esto brindó numerosas oportunidades de *minbō* a la yakuza.

La más importante de ellas fue el acaparamiento de tierras (*jiage*). La ley japonesa otorga fuertes protecciones a los inquilinos y, por tanto, dificulta a los propietarios el desarrollo de la propiedad. La yakuza coaccionaba a los inquilinos para que renunciaran a sus derechos, creando así parcelas urbanizables. Los yakuza solían cobrar a los promotores inmobiliarios una comisión del 3% sobre el valor final del terreno. Dados los precios estratosféricos en los centros urbanos durante la década de 1980, *el jiage* se convirtió en la mayor fuente de ingresos de la yakuza en este periodo.

El jefe de Inagawa-kai, Ishii Susumu, por ejemplo, creó varias empresas, una de las cuales facturó 12.200 millones de yenes (81 millones de dólares) en 1987, sólo dos años después de su creación. Los beneficios *del jiage de* Ishii fueron a parar al espumoso mercado bursátil japonés.

Los negocios financieros de Ishii eran complejos. Incluían la venta de inversiones falsas y la connivencia con importantes empresas de valores para aumentar su propia cartera.

Muchos yakuza abrazaron con entusiasmo la burbuja. A menudo especulaban con terrenos y los utilizaban como garantía para pedir dinero prestado e invertir en bolsa.

Algunos dieron un paso más. El caso Itoman es un buen ejemplo. Itō Suemitsu era un promotor inmobiliario de la época de la burbuja que se convirtió en el protegido del subjefe de Yamaguchi-gumi, Takumi Masaru.

Itō vendió a la Corporación Itoman (sin relación) los mismos derechos sobre su gran urbanización de

Ginza por 46.500 millones de yenes (423 millones de dólares). Tras ser nombrado director de Itoman, Itō realizó compras ficticias o infladas para transferir al hampa una cantidad estimada entre 500.000 y 600.000 millones de yenes (entre 4.500 y 5.500 millones de dólares).

Ley de contramedidas contra grupos violentos

Minbō generó una creciente antipatía pública hacia la yakuza durante la década de 1980. La ansiedad se vio exacerbada por una serie de guerras entre bandas en las que murieron personas no relacionadas.

Al mismo tiempo, un gobierno propenso a los escándalos era impopular en su país y objeto de críticas internacionales por la ineficacia de las medidas adoptadas contra el crimen organizado. El gobierno tenía que actuar.

En 1991 se promulgó la Ley de Prevención de Actividades Injustas de los Miembros de Grupos Violentos (su engorroso título en japonés suele abreviarse como bōtaihō), que entró en vigor al año siguiente. La bōtahō faculta a las comisiones regionales de seguridad pública (CSP) para designar como grupos violentos (Bōryokudan) a las bandas que cumplan ciertos criterios.

Si los miembros de los Bōryokudan designados participan en actividades de tipo *minbō* o hacen "demandas violentas" (demandas que son amenazadoras porque se hacen bajo la sombra de la reputación de la banda), entonces las víctimas de esta actividad pueden denunciarlo a la policía o a la PSC. El PSC puede entonces emitir una orden administrativa que prohíba las acciones en cuestión.

Si no se obedece, se impone una multa o una pena de prisión.

La ley también prevé centros regionales para promover la erradicación de los bōryokudan (en gran parte dotados de agentes de policía jubilados), el cierre obligatorio de las oficinas de las bandas durante los períodos de conflicto entre bandas y órdenes administrativas que impiden la exhibición pública de emblemas de bandas si el público se opone a ellos.

. . .

En respuesta, la yakuza tomó medidas para ocultar sus actividades creando organizaciones como empresas, grupos políticos de derechas, falsos grupos de *liberación* burakumin y organismos religiosos. El número de socios comerciales (*kigyō shatei*) aumentó. Posteriormente se revisó la ley para incluir las "demandas semiviolentas" realizadas por dichos frentes de la yakuza.

Además, se retiraron los carteles y emblemas de las bandas de las oficinas y se dieron instrucciones a las sucursales sobre cómo comportarse. Muchas bandas redujeron el nivel de cooperación prestado a la policía.

Evaluar el efecto de esta ley es difícil; su introducción coincidió con el colapso de la burbuja económica de Japón, que golpeó duramente a la yakuza. La cacería ilegal, por ejemplo, dejó de ser un negocio viable. La yakuza había pedido grandes préstamos para invertir en carteras de riesgo que ahora valían una fracción de sus deudas pendientes. Por ejemplo, de los 6,4 billones de yenes (58.000 millones de dólares) de deudas incobrables del sector Jūsen (ahorros y préstamos), se cree que aproximadamente el 40% estaba en manos de la yakuza.

. . .

Tras la burbuja se produjeron ataques contra ejecutivos bancarios encargados de resolver las deudas. Algunos bancos recurrieron a la yakuza para resolver sus problemas de endeudamiento, por ejemplo, empleándolos para cobrar deudas de otras bandas y consiguiendo que los yakuza redujeran las pérdidas (*songiriya*) para negociar la reducción de los reembolsos.

En una inversión del *jiage*, los yakuza podían beneficiarse de conseguir un subarriendo en un edificio propiedad de una empresa en apuros.

Al demostrar la ocupación yakuza, deprimían aún más el valor del edificio. Entonces, ellos o sus socios podrían comprarlo a bajo precio, desalojarlo y venderlo con beneficios. Alternativamente, el propietario podría pagarles para que se marcharan. Aparcar un camión blindado utilizado para distribuir propaganda derechista o presentarse en una subasta para intimidar a los posibles postores eran tácticas similares.

Las dificultades económicas fomentaron la demanda del mercado de pequeños préstamos al consumo. El Goryō-kai, un subgrupo del Yamaguchi-gumi, fue una organización que se aprovechó de ello. Su red de usureros, conocida como el grupo TO, contaba con 1.000 empleados y una facturación anual de 100.000 millones de yenes (900.000 millones de dólares). Al menos 10 prestatarios se suicidaron al no poder seguir pagando los intereses. Cuando Kajiyama Susumu, el cerebro, fue detenido en 2003, se incautaron 5.800 millones de yenes (48 millones de dólares) en bancos suizos y 600.000 dólares en cuentas de Las Vegas. Kajiyama fue posteriormente encarcelado durante dos años y medio y multado con 30 millones de yenes. Algunos de los clientes del grupo TO han iniciado una demanda colectiva para que se les devuelvan los intereses pagados pero, dado que la mayor parte de su dinero ha desaparecido, es poco probable que se les devuelva gran parte del mismo.

En Japón hay muchos prestamistas ilegales *(yamikin)*. Los que no son yakuza necesitan protección.

Incluso las grandes empresas de préstamos legales mantienen conexiones con la yakuza.

La creciente presencia de los negocios de la yakuza en el mundo financiero constituye un avance significativo durante este periodo. Para estimular el crecimiento de los sectores de alta tecnología e Internet, las autoridades adoptaron un marco regulador laxo para el mercado extrabursátil Jasdaq y los mercados TSE Mothers y OSE Hércules. Eran, por tanto, oportunidades de inversión ideales para el dinero de la yakuza. Al mismo tiempo, había escasez de capital riesgo para las nuevas empresas de Internet. Los bancos japoneses no estaban interesados. Livedoor, creada por Horie Takafumi, un destacado empresario de TI, es un ejemplo. Respaldado por el dinero de la yakuza, Horie llevó a cabo una agresiva estrategia de adquisiciones; nueve años después de su fundación en 1996, Livedoor contaba con 40 empresas y una capitalización de aproximadamente 1 billón de yenes (9.000 millones de dólares). El precio de las acciones se infló artificialmente mediante una contabilidad fraudulenta para mostrar beneficios en lugar de pérdidas.

Del mismo modo, Ryōzanpaku, una empresa propiedad de un antiguo ejecutivo de Yamaguchi-gumi y *kigyō-shatei* en funciones, aumentó sistemáticamente el valor de las acciones de P-map barajándolas entre 20 conspiradores yakuza antes de venderlas.

. . .

Ryōzanpaku también adquirió ICF, una empresa de Internet, y transfirió una serie de filiales de Ryōzanpaku sin valor a ICF. Con la connivencia de un contable público certificado, Toyotomi falsificó entonces el rendimiento de ICF para venderla. De estas complicadas transacciones, Ryōzanpaku habría obtenido 4.000 millones de yenes (40 millones de dólares). Algunas empresas de contabilidad pública certificada, incluidas las que cuentan con antiguos fiscales y altos cargos de la policía en sus consejos de administración, han caído bajo el ala de diferentes grupos de delincuencia organizada. Esto ayuda a ocultar las actividades fraudulentas. Las empresas extranjeras también se han visto envueltas en estafas relacionadas con la yakuza. En 2008, Lehman Brothers Japan fue embaucada en un fraude de 35.200 millones de yenes (352 millones de dólares) llevado a cabo por empresas altamente estafadas por las finanzas de la yakuza.

Parte de la razón por la que estas estafas son difíciles de detectar es que a menudo están encabezadas por protegidos de la yakuza con credenciales impecables; son graduados de las universidades de élite del mundo y de instituciones financieras de primer orden. La inversión de la yakuza no siempre es depredadora; la yakuza opera como empresas de capital privado que participan en todo el espectro del mundo empresarial japonés. En algunos casos, se conforman con tener una participación, en otros quieren el control. En sectores como las agencias de detectives privados, el negocio es directamente útil para las actividades relacionadas de la yakuza.

Un analista de inteligencia financiera de Tokio calcula que el 4,5% de las empresas que cotizan en las bolsas de Tokio y Osaka están "seriamente contaminadas por el crimen organizado". La tasa equivalente en el mercado de madres es del 15 por ciento.

Durante varios años, la Agencia de Servicios Financieros, la Agencia Nacional de Policía y la Bolsa de Tokio han gestionado un comité conjunto para compartir información. Esto ha dado algunos resultados; recientemente, varias empresas inmobiliarias relacionadas con la yakuza han quebrado, ya que la FSA ha presionado discretamente a los bancos para que les denieguen más financiación. La prensa no se ha hecho eco de este hecho.

¿Contramedidas contra el crimen organizado? La yakuza y la policía

· · ·

Dada la profundidad y amplitud de la penetración de la yakuza en la economía, la pregunta obvia es ¿qué está haciendo la policía al respecto? ¿Son corruptos, ineptos, fatalistas o una combinación de todo ello?

También existen pruebas de ineptitud policial (la investigación sobre el Culto de la Verdad Suprema Aum es un ejemplo no relacionado con la yakuza).

La subida inadvertida a Internet de más de 1 gigabyte de información relacionada con el Gotō-gumi (un destacado subgrupo del Yamaguchi-gumi) en 2007 por parte de un joven agente de policía mientras hacía uso de un programa de intercambio de archivos para descargar pornografía tampoco inspira confianza. Esto incluía nombres de empresas tapadera y asociados, así como los nombres de muchas de las celebridades maltratadas por él Gotō (una de las mayores agencias de talentos de Japón es una tapadera del Gotō-gumi).

La caracterización estándar de la relación entre la policía y la yakuza es, sin embargo, de acomodación. La opinión de que la existencia de la yakuza es tolerada (o incluso bienvenida) por la policía porque actúan como agentes de control social está muy extendida entre el público japonés y en la literatura en lengua inglesa. En esencia, el argumento es el siguiente: La policía está mucho más preocupada por la delincuencia callejera desorganizada que por la organizada, que tradicionalmente ha consistido en la protección o gestión de transacciones comerciales consentidas y supuestamente sin víctimas, como el juego, los servicios sexuales y el préstamo de dinero. La yakuza ejerce una función policial de dos formas distintas. En primer lugar, las bandas tienen un interés colectivo en evitar actividades que molesten a la policía; por lo tanto, disuaden a sus miembros de tales comportamientos.

En segundo lugar, las bandas quieren maximizar el patrocinio del que disfrutan los diversos negocios de ocio bajo su protección; los matones callejeros ahuyentan a los clientes, por lo que a los yakuza les interesa protegerse de ellos.

En este modelo estándar, los yakuza adoptan una postura de cooperación con la policía y aceptan límites en su comportamiento como precio a pagar por la tolerancia. Proporcionan información a la policía sobre otros delitos y expulsados (que pueden convertirse en delincuentes lobos solitarios); pueden entregar a miembros de la banda a la policía para que asuman la responsabilidad de las actividades de la banda (a veces, el confesor no será culpable, sino que estará encubriendo a un miembro veterano) o permiten que se encuentren armas. Ambas partes reconocen que una hostilidad abierta sería contraproducente, pero la aparente cordialidad entre ambas es una fachada.

Aunque hay algo de cierto en este análisis, debemos señalar: en primer lugar, la policía no ha sido neutral. Gran parte de la evolución de la yakuza en la posguerra se ha debido a cambios en la ley y en los parámetros de lo que la policía ha estado dispuesta a tolerar. En segundo lugar, el nivel de cooperación ha variado mucho (los Yamaguchi-gumi son menos dóciles que los sindicatos de Tokio). En tercer lugar, las relaciones entre la yakuza y la policía se han deteriorado a lo largo de los años, especialmente desde la introducción del bōtaihō y sus posteriores mejoras.

Un indicador de este deterioro fue el descubrimiento por parte de los detectives de Nagoya de sus datos personales, incluidas fotografías familiares, en una oficina de la banda Kōdō-kai en 2007. Por tanto, están siendo vigilados.

. . .

Hasta cierto punto, el pragmatismo policial contra el crimen organizado se deriva de la debilidad de la policía; tras la rendición de Japón en 1945, la policía necesitaba toda la ayuda posible, y hoy es una de las instituciones más poderosas de Japón. A pesar de este cambio, son incapaces de acabar con la yakuza. Así lo demuestra la limitada naturaleza reguladora de los bōtaihō.

Aunque no es realista esperar la erradicación de la yakuza, dado su dinamismo y profunda penetración en la sociedad, se podría hacer mucho para limitar su capacidad de operar con aparente impunidad en vastas franjas de la economía legítima. Algunas medidas útiles en este sentido serían: una ley del tipo RICO, la negociación de los cargos y la condena y un programa de protección de informantes, una mayor admisibilidad de las pruebas de escuchas telefónicas y la capacidad de llevar a cabo operaciones encubiertas. Una ley que penalice la pertenencia a asociaciones yakuza no sería especialmente útil sin estas otras disposiciones. Que vean la luz es una cuestión de voluntad política.

Yakuza y globalización

· · ·

Desde la década de 1990 se ha extendido en Japón el temor a que bandas de delincuentes extranjeros se amotinen en el país. Con el rápido crecimiento del número de residentes extranjeros en un país donde las nociones de identidad cultural se basan en la homogeneidad étnica, tal actitud es comprensible. Si bien hay que señalar que la mayoría de los extranjeros en Japón son totalmente legítimos, es evidente que en el país operan elementos criminales extranjeros. ¿Cuál es su relación con la yakuza?

A pesar del pánico suscitado por un supuesto proceso de hibridación étnica dentro de la delincuencia organizada en Japón, los principales negocios comentados anteriormente siguen siendo competencia de la yakuza.

Por lo general, los grupos extranjeros de delincuencia organizada cooperan con la yakuza o se dedican a actividades no relacionadas con la economía yakuza. Aunque se han registrado casos de yakuza que se sirven de grupos extranjeros para reforzar su posición frente a otras bandas yakuza, las bandas extranjeras no son capaces de establecerse como agencias de protección fuera de los estrechos confines de sus propias comunidades.

Los Grupos y Organizaciones Críminales más Peligrosos

. . .

En muchos casos, las actividades ilegales de las bandas extranjeras se centran en delitos contra la propiedad. Las cifras de la policía muestran la existencia de varias bandas chinas y coreanas que se dedican al robo en serie.

Los coreanos, en particular, se concentran antes de regresar a su país. Los grupos vietnamitas llevan a cabo operaciones sistemáticas de robo en tiendas y roban motos para el mercado vietnamita. Los grupos informales brasileños también se dedican al robo de vehículos. Los intermediarios paquistaníes actúan como agentes del mercado de vehículos usados para Oriente Próximo y África.

Los delitos contra la propiedad no afectan realmente a la yakuza, salvo en la medida en que el robo de vehículos para el mercado de segunda mano en el extranjero es algo que ocurre en el extremo inferior de la cadena yakuza.

El tráfico de mujeres para la industria del sexo es algo que requiere la cooperación con agentes locales en los países de origen. Este tipo de relación también suele ser necesaria en la importación de drogas. En el tráfico de drogas, los iraníes y otros extranjeros están implicados en los niveles más bajos, pero se cree que trabajan principalmente en el marco de la yakuza o atendiendo a sus propias comunidades étnicas. En el extremo superior de la delincuencia extranjera, hay grupos chinos implicados en la emisión de tarjetas falsas y el robo de datos de tarjetas de crédito; al menos algunos de ellos trabajan en cooperación con la yakuza.

Al mismo tiempo que los no japoneses han llegado a Japón, los japoneses han ido cada vez más al extranjero a trabajar, estudiar y jugar.

Aunque últimamente a los yakuza conocidos les resulta difícil obtener permisos de entrada en EE.UU. continental, no tienen muchos problemas para moverse por Asia.

El dinero de la Yakuza también viaja al extranjero; esto se ha vuelto cada vez más importante a medida que han aumentado las disposiciones legales para la confiscación de activos desde la introducción de la ley de contramedidas contra el crimen organizado (sōtaihō) en 1999.

. . .

¿Hacia dónde va la Yakuza? Proyecciones a medio plazo

En el último medio siglo, el régimen jurídico se ha endurecido y se aplica con mayor rigor. Además de las nuevas leyes, las pautas de imposición de penas se han vuelto más severas.

Significativamente, las leyes de responsabilidad civil del empresario se han aplicado con éxito a los grupos yakuza y se han reconocido formalmente en una revisión del bōtaihō.

En respuesta, la yakuza ha ocultado sus actividades con mayor eficacia operando detrás de fachadas como empresas legítimas y organizaciones políticas falsas. Esta tendencia continuará.

Otro cambio con profundas implicaciones para la yakuza es la reforma legal fundamental con el objetivo de crear un sistema legal que sea fácil y eficiente de utilizar. En concreto, agilizar los litigios civiles aumentando el número de abogados y jueces reducirá en última instancia las posibilidades de que la yakuza actúe como agente informal de resolución de disputas.

Estas reformas también intentan aumentar la transparencia, lo que, por supuesto, es malo para la yakuza.

En las últimas décadas, los japoneses han experimentado un salto en la desigualdad socioeconómica. Este fenómeno ha afectado también a la yakuza; una élite ha desarrollado sofisticadas estafas financieras, mientras que un grueso de la lumpen-yakuza ha sufrido al reducirse sus fuentes tradicionales de ingresos. Los de abajo están atrapados en un vicio; además de la contracción económica y una policía más agresiva, se enfrentan a las exigencias de sus jefes de élite de evitar actividades que puedan causar problemas a los dirigentes (y, con la responsabilidad patronal, estas actividades constituyen una amplia categoría).

Una posibilidad es que a estas dos categorías ya no les resulte beneficioso permanecer bajo el mismo paraguas.

Esto daría lugar, por un lado, a pequeñas empresas especializadas en la delincuencia financiera de alto nivel y que ejercerían una violencia selectiva cuando fuera necesario, y, por otro, a un grupo de mafiosos menos capaces y liberados de la influencia restrictiva de la oficina central. Ya se vislumbra un sistema de expulsión retroactiva de los miembros para eludir los litigios de responsabilidad patronal.

Los altos cargos de la yakuza también están planeando planes de contingencia para las leyes que prohíben rotundamente la pertenencia a grupos bōryokudan.

La yakuza ha demostrado ser muy resistente y constituye uno de los aspectos más dinámicos de la sociedad japonesa.

Aunque los retos a los que se enfrentan son cada vez mayores, dada su penetración en la corriente económica dominante y la existencia continuada de miembros de la élite política y empresarial japonesa que emplean discretamente sus servicios, cualquier predicción sobre su inminente desaparición sería prematura.

Conclusión

A lo largo de las páginas de este libro, hemos navegado por la intrincada red de organizaciones criminales que han dejado huellas indelebles en la historia global. Desde las mafias italiana e ítalo-estadounidense que florecieron en el siglo XX, pasando por los poderosos cárteles colombianos y mexicanos que redefinieron la geopolítica de las drogas, hasta las pandillas chinas y los yakuza, que se enraizaron en antiguas tradiciones mientras adaptaban sus operaciones a la modernidad. Estas organizaciones, aunque distintas en sus orígenes y modus operandi, comparten características clave: la capacidad de adaptarse, la tenacidad para resistir a las autoridades y un legado de violencia y corrupción que ha moldeado sociedades enteras.

Conclusión

El crimen organizado, más allá de las acciones ilegales que lo definen, es un reflejo de las complejidades socioeconómicas y políticas de las regiones en las que opera.

Estas organizaciones no son solo entidades que operan en la oscuridad, sino que a menudo están entrelazadas con estructuras de poder establecidas, ofreciendo tanto un refugio como un recurso para aquellos en las esferas más altas del poder.

Es esencial comprender que la existencia y persistencia de estos grupos no se deben simplemente a la demanda de drogas ilegales o servicios ilícitos. En muchos casos, son síntomas de problemas más profundos: falta de oportunidades económicas, corrupción gubernamental, inestabilidad política y fracturas sociales. La solución, por lo tanto, no es simplemente erradicar a estos grupos, sino abordar las raíces subyacentes de su existencia.

Mientras cerramos este análisis sobre el crimen organizado, queda claro que estas organizaciones continúan siendo un desafío global. No obstante, es nuestra responsabilidad, como sociedad global, enfrentar y entender sus causas profundas y trabajar colectivamente para crear un mundo en el que el poder y la

Conclusión

influencia del crimen organizado se vean significativamente reducidos.

www.ingramcontent.com/pod-product-compliance
Lightning Source LLC
Chambersburg PA
CBHW072159070526
44585CB00015B/1216